一九色鹿一

唐

宋

金 石
宋朝的崇古之风

The Cult of Antiquity in Song Dynasty China

Bronze and Stone

〔美〕陈云倩（Yunchiahn C. Sena）著

梁民 译　李鸿宾 校

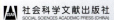

社会科学文献出版社
SOCIAL SCIENCES ACADEMIC PRESS (CHINA)

目录

鸣　谢

在完成此书的漫长过程中，我跌跌撞撞一路走来，时有沮丧。许多人慷慨地给予我建议、帮助和鼓励，我欠下他们巨大的人情。没有他们的指导和支持，这本书不可能完成。我最诚挚的感谢要归于我的导师——芝加哥大学的巫鸿（Wu, Hung），是他热情地鼓励我去追寻对中国金石尚古学的兴趣。在此项目立项之时，他以深思熟虑的评说指点我，并提出问题引导我更深入地思考古物制造的过去与当时的联系，钻研它们的语境与观念的关系。他自身的学术研究启发我把理论框架应用于那些古文物，它们不必一定是精品，但一定是对理解过去有意义的收藏。我这些年作为一个艺术史学生所获得的学术技能和见解都要归功于他。

我也极其感谢芝加哥大学的夏含夷（Edward L. Shaughnessy），他为我在中国古文物的历史和文学方面打下了坚实基础，由此，我得以探寻宋朝尚古学者们的古物学问。我的许多关于宋朝尚古运动的想法得到了加州大学洛杉矶分校罗泰（Lothar von Falkenhausen）的细致评论，他是中国古物学以及其他许多与中国和东亚有关学科的领军学者。我十分感谢他全面而详尽的评论和他对我职业生涯的不断鼓励。他细心地把我纳入了 2010 年盖蒂世界古文物研究项目（the Getty Project on World Antiquarianism），对我的研究主题给予了大量有见地的建议。盖蒂项目的比较方法观念与我从芝加哥大学的芭芭拉·斯塔福德（Barbara Stafford）那里得到的指导相呼应，她向我介绍了通过古物研究跨越文化藩篱共享人类体验的种种有趣之处。

许多学者慷慨地与我分享他们有关中国古物研究和宋朝尚古运动的种种看法，并对我的研究提出重要的意见。中研院及台湾大学的陈芳妹对商代青铜礼器及宋朝关于这些礼器的阐释有深入的研究，提出了很好的见解。北京大学的齐东方对于从唐到元的金银器研究，拓展了我的想法，把贵金属囊括到例证之中。北京大学的孙华是商周青铜器和四川考古的权威，他建议我去四川做实地考察。华盛顿大学的伊沛霞（Patricia Ebrey）是研究宋朝历史与物质文化的知名学者，在她研究宋徽宗文化收藏的里程碑式著作《宋徽宗》出版之前，她允许我阅读它。来自哥伦比亚大学的李峰在中国早期考古学和出土文献方面很有造诣，他与我一起仔细探究了宋人对商周青铜器铭文的誊译。来自巴德研究生中心的弗朗索瓦·路易斯（François Louis），他在中国古物研究的诸多领域颇有建树，对我有关宋朝仿古器和尚古学者著述图录的研究提出了很有助益的意见。当我第一次在台北"故宫博物院"查阅文献时，台湾大学的许雅惠给我带来了她研究南宋礼仪手册的论文复印本。这些学者以各自慷慨的方式为这本书做了无法估量的贡献，对此我非常感激！

在写作此书时，很幸运身边有一些支持我的朋友和同事，每当我因进度缓慢而沮丧时，他们总是用富有启迪性的想法和平衡的视角让我的生命充满元气。因为有他们在，我的知识世界变得广阔，学术思考更加深入，人生观也更加成熟。我衷心感谢来自得克萨斯大学奥斯汀分校的迈克尔·查尔斯伍瑟（Michael Charlesworth）和珍尼斯·利昂什科（Janice Leoshko）博士，来自维思大学的菲利普·万高纳（Philip Wagoaner）、克拉克·梅因斯（Clark Maines）、彼得·马克（Peter Mark）和斯蒂芬·安格尔（Stephen Angle）博士。在中国，我从许多研究者那里得到了亲切的帮助和真诚的友谊，使我艰巨的田野研究工作成为难忘的记忆。我还要向北京大学图书馆的胡海帆、汤燕，上海图书馆的仲威，陕西省考古研究院的张建林、张蕴，成都文物考古研究所①的赵涛，四川宋瓷博物馆的庄文彬等致以诚挚的敬意，他们不仅为我展示研究资料，而且身体力行地展现了工作在文保一线所必备的奉献精神和坚韧毅力。

我的研究和写作得到了蒋经国国际学术交流基金会和国家汉办的北京大学国际汉学奖学金的慷慨资助。蒋经国国际学术交流基金会和大学艺术协会的米勒德·迈斯出版基金（the Millard Meiss Publication Fund of the College Art Association），还有哈特福德三一学院的结项基金也资助了此书的出版。我特别感谢华盛顿大学出版社的执行编辑劳瑞·海格曼（Lorri Hagman）和她优秀的同仁对我的明确指导和持久耐心，在我没有完全准备好的情况下，他们指导我完成了这本书繁细的出版过程。

我在中国台北和美国的家人无条件的爱是我信心和力量的源泉。我的父亲陈清安是一位中国历史爱好者，当我把这本书供奉在他的灵前时，他定会在天上对我报以微笑。我也非常感谢我的婆婆海伦（Helen）和公公唐纳德·西纳（Donald Sena），他们在任何情况下都是我的啦啦队。我最深的感激要归于我的丈夫戴维·西纳（David Sena），他是一位研究中国古典文学和历史的学者。他是我最棒的支持者，也是我最重要的读者，他做出了无数牺牲，让我有时间和空间进行研究和写作。我怀着爱和感激将此书题献给他。

_____

① 今为成都文物考古研究院。——译者注

引言　探寻宋朝的尚古运动^①

在宋朝（960—1279），中国经历了一场好古之风（interest in the past）的大爆发。尽管往昔一直是历史与文化意识的权威和灵感之源泉，但这一时期对古代物质遗存的痴迷尤为突出。从饱学之士到皇家宫廷都热衷于收藏和研究古代器物，其搜寻规模之大前所未有。藏家奔走于田野获取大批新出土文物，或在古玩市场以空前的高价购求之。大量古物藏品聚集并陈列于私家或宫中。古代器物得以仔细研究，新的著述体裁系统地记录了它们的物理特征。人们采用诸如拓墨（ink rubbings of the objects）、线描（line drawings）等创新方法在视觉上呈现这些器物，并提出了各种复杂理论来阐述古代器物在历史上和仪礼上的重要意义。其结果是，基于对古代认知的更新，历史叙事与世界观也得以刷新和扩展。一方面，古代器物被尊为政治权威与文化认同的象征物；另一方面，拥有这些艺术品本身，也代表了不俗的品位和优雅的生活方式。随之而来的是，新的社会仪礼借用了这些新涌现的器物，新的时尚潮流也从中获得灵感。从国家仪礼典章到民间家居装饰，古代器物的影响在广泛的物质文化领域处

---

① "Antiquarian Movement"在本书中指宋代士大夫崇古、尚古，收藏、整理和研究金石等古物，并从中汲取思想文化资源的活动和时代风尚，蒙作者提议借用欧阳修在《新唐书》中用过的"尚古"一词，将"Antiquarian Movement"译为"尚古运动"。——译者注

处可见。

本书考察了与古物的收藏、研究和鉴赏有关的历史事件和习俗。宋朝崇古热（Song antiquarianism）出现于11 世纪中期，其动机源自复兴上古中国的理想，重建古代礼制，以及借助前代的遗存重构历史。这标志着一种与古物密切相关的特定古代概念长期发展的开端。在宋朝以前，中国关于古代的概念最初即奠基于两大文本传统：经（儒家经典，classics）和史（史籍，historical literature）。这些传统自 2 世纪就已牢固树立，并通过一代代的传统注疏被熟知。而宋朝的尚古运动（the Song antiquarian movement）借助古器物提出了一种理解古代的新方法。宋朝尚古学者（Song antiquaries）[①] 敏锐地意识到古器物具有历史真实性，这赋予它们代表古代的原真性，他们用古器物中发现的新证据考证以文本为传统的古代概念。这种文本和古物的交叉勘正刷新了对古代的理解，特别是在古礼方面，并且提供了一种新方法来解决卷帙浩繁的经典文本注疏中争议不休的那些问题。宋朝尚古学者对物质证据的重视持续影响着后世的中国史学，特别是 18 世纪的考据学（intellectual movement of evidential studies），以及 20 世纪初的考古发掘。[②]

---

① "Song antiquaries" 指宋朝尚古、好古的士大夫学者，他们收集、收藏、鉴赏和研究古青铜器、古碑刻（史称"金石学"），兼及其他古物，并撰写图录等大量著述阐释古代，重构历史，从中汲取古为今用的思想文化资源。蒙作者提议把 "Song antiquaries" 译为 "尚古学者"，亦有个别地方依上下文译为 "金石学家"。——译者注

② Elman（艾尔曼），*From Philosophy to Philology*：*Intellectual and Social Aspect of Change in Late Imperial China*，Cambridge，MA：Harvard University Press，1984，pp. 188 - 191；张光直（Chang，Kwang-Chih），"Archaeology and Chinese Historiography," *World Archaeology*，Vol. 13，No. 2，1968，pp. 156 - 169。

重构宋朝尚古运动：以一种跨学科的方法

本书的主要目的是为全面理解宋朝的尚古运动及其文化衍生结果构建一个基础，包括勾勒出这一运动的历史脉络。前人对宋朝尚古运动中的重要事件和主要人物的研究，大部分是在不同的学科，如政治史、文化史、艺术史、文本研究及碑帖学（epigraphy）等领域开展。在对宋朝尚古运动的一些方面有了深入理解的今天，有必要对这场运动是如何开始和演化的做一连贯整体的描述。

理解宋朝尚古运动需要一些理论的和方法论的工具。尽管前人的研究保留了丰富的细节，但他们逸事式的叙述不能给深入的理解提供多少理论基础。由于这一运动的复杂特性，需要从三个方面进行理论分析。其一是关于宋人所收藏和研究的古代器物的功能性和物质性，它们中的很多原本是在葬礼上使用的，在此语境之外几乎不承载更多意义。然而，当这些器物出现在这场尚古运动中时，它们经常被宋朝尚古学者作为理想化的古代遗存进行知识化阐述，并被赋予政治意识形态和历史观上不容置疑的权威性。在宋朝尚古运动中，许多古器物呈现出不一样的形式甚至是新的物理特征，引发了对其可靠性的质疑。那些物理特征的变化历来为尚古学者视为理所当然，无须多加说明。对这些变化的考察揭示出古物知识化过程的理论性，以及它们被收藏和研究时物质形态的转变。

其二，理论分析必然离不开这个时期的古代概念与11、12世纪政争之间的意识形态关系，这场政争在新党（the New Parties）和旧党（the Old Parties）之间画下了一条长长的分界线，两极化的政治话语涵盖了从善政的统治原则到经书文本的解释。两党在不同时期分别与皇室结盟，意识形态

的分野发展成为宫廷与外朝官僚的关系张力。尽管宋朝不同
的政治派别常利用尚古学者著述（antiquarian writings）暗示
自身对政治理想的态度，但由于新旧党派文人官僚的这类著
作中都有着显而易见的表面共性，直至晚近对宋朝尚古运动
的研究大多忽略了这些著述不同的政治倾向。以《考古图》
和《宣和重修博古图录》①这两大重要研究为例证，②分析
几位主要的宋朝尚古学者著述的内容和内在结构，结合其政
治和历史语境，可以窥见他们的政治理想与著述中所蕴含的
古代概念之间的意识形态联系。

　　其三，宋朝尚古运动中采用的一套新的理论和方法论都
与古器物图像的传播和借用相关。尽管这场运动发轫于知识
精英的讨论，但到 12 世纪下半叶，古代器物的形制和装饰
格调已经开始被吸收进宋朝的视觉文化主流中。古器物形象

---

① 南宋薛尚功在其《历代钟鼎彝器款识法帖》卷 10 中曾明确提及《宣
和重修博古图录》，此外在卷 1、卷 2 也多次提及《重修博古图录》，
显然是《宣和重修博古图录》的简称。这表示书名中"重修"一词在
南宋时已有，并不是元代至大时期重新刻印宋本而成《至大重修宣和
博古图录》时才加上的。早期学者容庚和岑仲勉与最近的学者叶国良
都曾提出，宋徽宗所敕撰的图录有初修与重修两种版本，而重修本应
该就是编于宣和五至七年（1123—1125），即流传至今的《博古图》
原本。由此推论，薛尚功书中所提及的《宣和重修博古图录》应该就
是《博古图》的原始书名。乾隆时期修订的四库本参考了元代至大以
及之后多个重修本，直接称之为《重修宣和博古图》。由于本书提到
的主要是北宋的重修本，故作者认为使用其原始标题《宣和重修博古
图录》比较合适。——译者注

② 这两部著名的宋朝古器录在形式上显示出密切的联系，尽管它们的
意识形态观点和所处的社会政治语境大不相同。参见 Sena（陈云倩），
"Cataloguing Antiquity：A Comparative Study of the *Kaogu tu* and *Bogu
Tu*," *Reinventing the Past：Archaism and Antiquarianism in Chinese Art and
Visual Culture*, Wu Hung ed., Chicago：University of Chicago Press,
2010, pp. 200 – 228；Hsu Ya-hwei（许雅惠），"Antiquarians and Poli-
tics：Antiquarian Culture of the Nortern Song, 960 – 1127," *World Anti-
quarianism：Comparative Perspectives*, Alain Schnapp et al. eds., Los An-
geles：Getty Research Institute, 2014, pp. 230 – 248。

的流传通常倚赖于古物图录、插图手册以及图鉴大全中的印刷图像；与此同时，存世古物也不断从地下的秘窖、庙宇和坟墓中被发现。因此，有必要将关于宋朝古物研究的各种来源信息综合起来。一种将各主题分类下的所有相关信息结合起来的系统方法，可以在其原始知识、历史和文化语境中，重建宋朝尚古运动的一些关键场景，并解读它们的重要意义。

金石：宋朝古物材质的分类

宋朝尚古运动涉及的古器物绝大多数可归为两大类：(1) 金 (metal)，即古代青铜礼器；(2) 石 (stone)，即纪念碑、墓碑刻石铭文 (inscriptions on the stone carvings)。尽管这两类古物都是古人所造，但看上去二者几无共同之处。古代青铜礼器通常是以烹饪器皿或食物容器的形式呈现，抑或是镜子、编钟乐器和度量衡器。特别是在中国早期历史中的商代和周代，这些物品常被用在祭祀祖先时或葬仪典礼上。与商周青铜礼器不同，宋朝金石学 (studies of "metal and stone") 中的石刻来自晚得多的年代，它们多数是 1 世纪后制作的，许多还晚至 8 世纪。不像青铜器大多便于携带因而易于收集，多数石刻镌刻于纪念碑上，有的甚至刻在崖壁上——因此很难在物理上收集。

尽管青铜器和石刻的物质材料迥异，它们却有着一个共同的重要特性：二者都有铭文。纪念石刻，通常是石碑的形式，其原始功能就是镌刻纪念某个逝者或某一事件的颂文。许多商周青铜器上也都有题献铭文，指明由谁为纪念谁或什么事而造。在西周时期 (公元前 11 世纪中叶—前 8 世纪) 常见的用于纪念授职分封典礼的铭文中，有关特定事件或人物的历史细节会作为背景被提及。而在另一些例子中，特别是在周王室领地附近的贵族窖藏里发现的青铜器上，铭文以颂扬的语言叙述家族谱系，并与周王的世系并列，用以荣耀周王朝及贵族辅臣后裔。

古代青铜器铭文（bronze inscriptions）对于宋朝尚古学者的重要意义，应在宋朝士大夫（Song literati）盛行的历史观之语境中加以理解。商周青铜器的制作年代对应于中国传统史学中所称的"三代"。依据这一传统，夏商周构成了中国文明的"黄金时代"，天下依据圣贤之道进行治理。在宋朝，人们普遍相信尽管一个王朝的末世存在腐败，受到后继朝代的评判，但每个继立王朝的有德行的创建者都受命于天且善于调和社会的需求，因而能把以德治国代代传承下去。[①] 然而，三代的大治之道毁于秦朝（公元前221—前206）的"焚书之祸"，自此之后，黄金时代永远终结。这一信念多为宋朝顶尖的士大夫和尚古学者所表达。在《新唐书·礼乐志》（成书于1060年）开篇，杰出的士大夫和尚古学者欧阳修（1007—1072）讨论了三代时礼乐与国家治理的和谐统一，以及自秦以后礼乐制度与统治的乖离。[②]

享有很高声望的士大夫和尚古学者吕大临（1040—1093）在他的《考古图》（成书于1092年）序言中哀叹从三代到秦朝为政之道和仪礼制度的颓坏，称变化之大堪比昼夜之殊。[③] 来自传说中三代的青铜器之重新发现，对于宋朝的尚古学者（他们中的许多人也是朝廷重臣）而言，意味着从源头恢复失落已久的那个黄金时代的知识及德政的机会。

---

① Bol（包弼德），*"This Culture of Ours"*：*Intellectual Transition in T'ang and Sung China*，Cambridge，MA：Harvard University Press，1992，pp. 201 - 211。

② 欧阳修、宋祁等：《新唐书》卷11《礼乐志一》，中华书局，1975，第307—308页。

③ 吕大临：《考古图》，明初本，《四库全书存目丛书·子部》第77册，齐鲁书社，1995，第614—615页。

宋朝的尚古学者有理由珍视这些古代器物上的铭文，将其视为从那个黄金时代直接传承下来的圣人明君的真言。[①]

相比商周青铜器铭文，石刻铭文展现出古代的另一面。跟青铜器相似的是，石刻也记述了历史人物和事件的细节，可作为评判传统史籍的可靠证据来源。除了具有文献材料的性质，石刻还包含某些历史人物的书法，这些人物以其道德品行和英勇作为深受宋人景仰。最著名的例子即唐代士大夫和书法家颜真卿（709—785），以其高贵品格和忠君殉难的义举，还有刚劲遒伟的书法为宋朝士大夫所尊崇，被视作高尚的楷模。[②] 在许多宋朝尚古学者看来，书法不仅是书写艺术的呈现，也是道德品行的体现。这种观念植根于汉代（公元前206—220）出现的一种信念，即一个人的内在德行会通过其外在的风格表达展示出来。[③] 古碑文被看作关于那些历史模范人物的可触摸的记忆，犹如古代遗存是可触摸的古圣贤遗迹一般。古代青铜器和石刻被宋人视作往昔流传下来的可信物质证据。这些器物具有遗物般的性质，将关于古代的抽象观念呈现为具体的形式，使得宋朝尚古学者能够收集、研究和复制。

宋朝尚古运动之研究

有关宋朝尚古运动中的历史人物、事件、思想和实践的研究，早在 12 世纪中叶就已出现。最早一部研究专著《籀史》是翟耆年（1142 年前后在世）所作。这是一部辑录了

---

① 吕大临：《考古图》，明初本，《四库全书存目丛书·子部》第 77 册，第 615—616 页。

② 关于宋人眼中的颜真卿书法的全面研究，参见 Amy McNair（倪雅梅），*The Upright Brush：Yan Zhenqing's Calligraphy and Song Literati Politics*，Honolulu：University of Hawai'i Press，1998。

③ Amy McNair（倪雅梅），*The Upright Brush：Yan Zhenqing's Calligraphy and Song Literati Politics*，pp. 1–2。

34部成书于尚古运动高潮时期的古器铭文著作的文献目录。[①] 其中一些著作是关于商周青铜礼器的研究，另一些则聚焦于铭文研究。[②] 该书以条目的形式对所列著作的作者、编者以及与存疑的古物和铭文有关的历史人物和事件都做了内行的介绍。宋朝尚古学者的关注点，诸如对古铭文的恰当解读、古器物在仪礼上的正确功能，都在这些条目中得到反映。得益于翟耆年与一些尚古学者的私交，这些人的著作都在此书中有所论及。这些关系很多是通过其父翟汝文（1076—1141）建立的。翟汝文以其广博的古铭文知识享有很高的声望，在辅佐宋徽宗借收藏和研究古青铜礼器复活古代仪礼中起着重要作用。由于其父，翟耆年在《籀史》中对于某些事件和人物的议论富于洞见并有第一手细节式的展现。[③]

尽管对于宋朝尚古运动的研究在12世纪中叶就已经开始，但把此运动作为一个整体或放在历史语境中去研究，是20世纪初才出现的。其间长达数百年，尚古学者的活动诸如对古器物的收藏和分类一直都在进行着。杰出的国学家和哲学家王国维（1877—1927）在1926年提交给北京大学历史学会（the Peking University Historical Society）的一篇论文中，首次把宋朝金石学作为一种普遍的文化现象加以认识。

---

① 34部书条目在原书中分成两部分，但此书只存留下第一部分。参见翟耆年《籀史》，《丛书集成初编》第1513册，商务印书馆，1935。

② 根据目录，《籀史》所录著作有几部是古碑铭的拓墨本或摹本，或古式的当代写本。例如，目录第7条《石鼓碑》说明它是唐朝初年发现的石鼓上的石刻文。参见《籀史》上卷，第1页。

③ 以古碑铭知识享有盛誉的翟汝文是宋徽宗宫廷中研究皇家古物收藏的顶尖学者。参见 Ebrey（伊沛霞），*Emperor Huizong*，Cambridge，MA：Harverd University Press，2014，pp. 262-263。翟汝文负责书写刻在仿古礼器上的仪礼铭文，这些礼器被用于宋徽宗改革的国家礼制中（刘宰，《京口耆旧传》）。关于他在宋徽宗礼制改革和仿古礼器制造中的作用，他儿子翟耆年所撰颂文《翟氏公冀埋铭》中有详细描述，见翟汝文《忠惠集》附录，四库全书本，1781，第4—5页。

1927 年他离世后发表的题为《宋代之金石学》一文，肯定
了金石学的三大主要成就。[1] 其一，王国维指出，中国古青
铜礼器和石刻碑帖的收藏形成于宋朝，当时的尚古学者空前
活跃。11 世纪中晚期的个人藏家，如欧阳修、刘敞（1019—
1068）等是开风气之先的人物，他们引领了石碑拓墨本
（ink rubbings of stone stelae）和古青铜器的收藏。这一时期
见于记载的藏家有数十人，其中有著名画家李公麟（11 世
纪中—1106），他以赏鉴之长和购买古物耗资之巨而闻名于
世。[2] 王国维写道，个人藏家的收藏很快就被皇家收藏远远
超越，皇室的青铜礼器收藏由 11 世纪中叶的十几件，增加
到宋徽宗（1100—1125 年在位）朝的数千乃至数万件。即
使大宋朝廷遭受女真毁灭性的进攻而被迫南逃，在南方建立
了南宋（1127—1279），皇室搜求古物的热情依旧不减。

其二，王国维称赞宋朝的金石学家通过传拓和著录，使
相关古代器物的知识得以丰富和传播。他谈到东汉至曹魏时
期（25—265）发明了拓墨技术，用于复制石刻经典，即所
谓"石经"（stone classics）。这一技术在唐代（618—907）
也被广泛用于拓墨石刻铭文。[3] 王国维认为，中国历史上第
一次将拓墨技术用于拓印古青铜礼器上的铭文是在宋朝。这
一重大的技术拓展发生在 1053 年，其时宋仁宗（1022—1063
年在位）率朝臣们观赏了皇室收藏的古青铜礼器。除了拓墨，
还有描绘古青铜器物的图录，如刘敞、吕大临和宋徽宗等人
的著述，为记录和研究这些器物定下了规范。谈到石刻铭文，
王国维列举了欧阳修和赵明诚（1081—1129）所著的具有创

---

[1] 王国维：《宋代之金石学》，《国学论丛》第 1 卷第 3 号，1927 年，第
45—49 页。

[2] Harrist（韩文彬），"The Artist as Antiquarian: Li Gonglin and His Study
of Early Chinese Art," *Artibus Asiae*, Vol. 55, No. 3 - 4, 1995。

[3] 王国维文章中的汉魏石经是指《熹平石经》（刻于 175 年）和《正始
石经》（刻于 241 年）。

新性的分类目录，它们为后世的石拓碑文分类设定了体例。

其三，王国维指出，宋朝的金石学家对古器物的铭文、分类和仪礼功能的系统研究，大大拓展了当时人的认知。宋朝的古器物研究带来的结果是校正礼器范式，特别是聂崇义（10 世纪中叶在世）的《三礼图》所记载的那些范式。《三礼图》所载的基于传统文本的礼器范式，常常在形制和装饰上与实际的商周礼器样式大相径庭（图 I.1）。宋朝的古器物研究不仅提供了基于原真商周器物的仪礼典范形式和装饰，而且还通过实际考察青铜礼器铭文，建立了一套系统的礼制范式命名方法。据王国维所述，宋朝的研究持续地影响着 12 世纪之后的中国国家仪典。依据这些研究制造的仿古礼器被用在宋徽宗时期的国家仪典上，也成为南宋、元和明朝礼器沿承的标准。

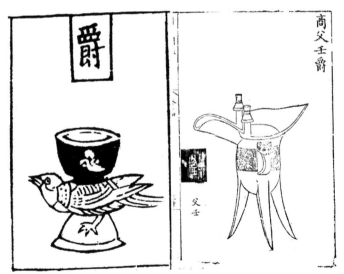

图 I.1　左：爵的画像，出自《三礼图》卷 12，镇江本，1175；
右：商父壬爵，出自《宣和博古图》卷 14，
亦政堂本，1752

在 20 世纪 20 年代至 30 年代知识界生机勃勃的氛围中，人们致力于融合传统中国学术与新引进的西方学科原则，并在考

古学的语境中恰当地认识宋朝的尚古运动，涌现出了一批著作。① 最先做出这一努力的是改良派政治家兼史学家梁启超。1926 年，瑞典王储（the Crown Prince of Sweden）、万国考古学会（the International Archaeological Society）会长古斯塔夫六世访华，梁启超在欢迎会上做了关于中国考古史的讲演。② 梁启超提出，中国史学有着根植深厚的、肇始于宋朝金石学的考古传统。他指出，尽管这一创新运动在元明时期（13 世纪晚期至 17 世纪中期）中断，但中国考古学探索的领域和方法作为一个学术准则已经确立并得到很好的发展。由宋朝金石学家如欧阳修、吕大临和赵明诚等人打下的基础，到 20 世纪初还是行之有效的。当考古学家安特生（Johan G. Andersson，1874－1960）和受过西方学术训练的中国考古学家李济（1896—1979）等人将西学方法引进中国时，梁启超关于中国考古学历史渊源的论断引起中国学者强烈的共鸣。③

梁启超之后，卫聚贤（1899—1989）在他的《中国考古学史》中列举了宋朝收藏家和金石学家的著作，以证明宋朝金石学在建立中国史的考古传统中所起的先驱作用。④ 张光直有关考古学与中国史学的论文，将吕大临的《考古图》列为整个中国考古学史上最重要的三部著作之一。⑤ 这些宋朝

---

① 这些著作包括马衡的《中国金石学概要》、卫聚贤的《中国考古学史》和朱建新的《金石学》等。
② 梁启超：《中国考古之过去及将来》，《饮冰室文集·专集》，中华书局，1936，第 1—15 页。在欢迎瑞典王储仪式上，除了梁启超的致辞，还有瑞典地质学家和考古学家安特生宣布关于"北京人"的惊人发现（见贾兰坡、黄慰文《周口店发掘记》，英译版名为 *Story of Peking Man*，第 10—27 页）。
③ 陈星灿：《中国史前考古学史研究（1895—1949）》，三联书店，1997，第 87—94、98 页。
④ 卫聚贤：《中国考古学史》，商务印书馆，1937，第 67—82 页。
⑤ 张光直，"Archaeology and Chinese Historiography," *World Archaeology*，Vol. 13，No. 2，1968，pp. 156－169。

图录饱含着对作为物质遗存证明的古物的迷恋、对跨文本与器物考据的兴趣，以及对于建立有据可考的历史叙事的愿望。这一切构成了宋朝金石学，在某种程度上也是中国考古学的特性。这些研究将关注点聚焦于宋朝金石学对现代中国考古学发展做出的贡献，然而忽略了宋朝金石学看待古物的自始至终的鉴赏心态，与现代考古学看待古代的整套方法有根本区别。针对这一问题，著名考古学家、中国现代考古学的奠基人李济指出，尽管宋朝金石学已经获得了方法上的进步，但中国并没有发展出可与现代考古学媲美的科学方法。他认为，其原因是中国社会视古代器物为收藏品的传统观念，使对古物的研究只是"题跋"和"欣赏"，而非基于事实的研究和分析理解。①

李济指出，中国的古董收藏研究者们不关注广义的种类繁多的古代工艺品，不探寻其渊源，而是把主要的注意力聚焦在带有铭文的单件器物的历史和哲学研究的价值上，大大地忽略了其考古学的相关背景。李济批评清朝（1644—1912）学者只研究那些精选的带有较多铭文和吸引人的装饰的器物（因其有较高的市场价值），而多数不具备上述特性的出土文物往往被忽略而最终湮没。他告诫道，任何带有如此偏好的古物研究都是有缺陷的。李济认为，若非经过恰当的考证，一件古物的可靠性和科学价值一定是需要被质疑的。② 这一争论表明，20 世纪初界对金石学存在两种对立的看法，或视之为中国考古学的基础，或视之为现代考古学科有缺陷的先导，需要重新评估和纠正。不管评价是积极的抑或消极的，这些研究都将尚古运动看作开了其他

① 李济：《中国古器物学的新基础》，《台湾大学文史哲学报》（台北）第 1 期，1950 年，第 63—79 页，特别是第 65 页。
② 李济：《中国古器物学的新基础》，《台湾大学文史哲学报》（台北）第 1 期，1950 年，第 68—69 页。

此类活动的先河，却忽略了这场运动本身的性质。到 20 世纪中叶，宋朝的金石学开始成为重要的研究课题，许多研究从整体和历史背景角度考察这一运动。① 这些研究显示出之前未曾有过的三大趋向。

第一个趋向是，许多研究者考察宋朝尚古运动历史文化语境下的各种因素，试图理解有宋一代对古物的兴趣是如何产生的。引发这种好古趣味的一个最重要的刺激，是宋朝知识界（Song intellectuals）中普遍存在的怀疑主义，它质疑建立在传世经史文本基础上的传统学术。这种怀疑主义推动宋朝知识界研究古代器物，以寻求物证来批判传统学术并匡正其谬误。怀疑主义思潮开始于庆历年间（1041—1048），当时最重要的士大夫如欧阳修、刘敞等人就质疑传统注经。这种疑古态度并非出自对经典传统的摒弃，而是为一种考证经典文本真伪的热切兴趣所驱使。② 在宋人看来，古器物是了解过去的一把钥匙，正如刘敞所说："非赖其（指古器物）

---

① 这一派的研究著作非常多，参见 Richard C. Rudolph, "Preliminary Notes on Sung Archaeology," *Journal of Asian Studies*, Vol. 22, 1963, pp. 169 - 177；夏超雄《宋代金石学的主要贡献及其兴起的原因》，《北京大学学报》（哲学社会科学版）1982 年第 1 期，第 66—76 页；叶国良《宋代金石学研究》，台北：台湾书房出版有限公司，2011；陈慧玲《论宋代金石学之发达及其价值》，《"国立"翻译馆馆刊》第 17 卷第 2 期，1988 年，第 245—258 页；李菁《宋代金石学的缘起与演进》，《中国典籍与文化》1998 年第 3 期，第 63—68 页；陈芳妹《宋古器物学的兴起与宋仿古铜器》，《美术史研究集刊》第 10 期，2001 年，第 37—160 页；Rawson（罗森），"The Many Meanings of the Past in China," *Die Gegenwartdas Altertumns*, *Formen und Funktionen des Altertumsbezugs in den Hochkulturen der Alten Welt*, Dieter Kuhn and Helga Stahl eds., Heidelberg: Edition Forum, 2001, pp. 397 - 421；Asim（康怡诺），"Aspects of the Perception of Zhou Ideals in the Song Dynasty（960 - 1279），" *Die Gegenwart des Altertums: Formen und Funktionen des Altertumsbezugs in den Hochkulturen der Alten Welt*, Dieter Kuhn and Helga Stahl eds., 2001, pp. 459 - 479。

② 陈慧玲：《论宋代金石学之发达及其价值》，《"国立"翻译馆馆刊》第 17 卷第 2 期，1988 年，第 247—248 页。

用也，亦云上古而已矣。"李公麟也认为："（圣人）寓不传
之妙于器用之间，以遗后人，使宏识之士即器以求象，即象
以求意，心悟目击命物之旨，晓礼乐法而不说之秘。"在一
则广被引用的古刻石碑文评论中，欧阳修称古器物"可与史
传正其阙谬者"。[①] 这种疑古风气鼓励宋朝的尚古学者通过
文本和器物互勘，对古代提出自己的解读。[②]

　　第二个研究趋向是关于宋朝尚古学者与宋朝宫廷的礼
制改革——特别是令人印象深刻的宋徽宗皇家古器物收藏，
以及仿照古器样式的宫廷礼器——之间的关系。[③] 学者们
强调了较早由宋仁宗推行的改革之意义，他参照古编钟的
样式制造新编钟，用以按原型的古代标准在宫廷中复古礼
乐。[④] 这些礼制改革为宋朝宫廷收藏和研究古器物提供了一

---

① 夏超雄：《宋代金石学的主要贡献及其兴起的原因》，《北京大学学报》
　　（哲学社会科学版）1982 年第 1 期，第 72—73 页。所引欧阳修的话出
　　自《集古录目序》，见李逸安点校《欧阳修全集》，中华书局，2001，
　　第 600 页。

② 近期有几篇研究文章讨论了在宋朝社会政治语境下不同的古代观。
　　参见陈云倩 "Cataloguing Antiquity：A Comparative Study of the *Kaogu tu*
　　and *Bogu tu*，" *Reinventing the Past：Archaism and Antiquarianism in Chi-
　　nese Art and Visual Culture*，Wu Hung ed.，pp. 200 - 228；Moser（孟絜
　　予），"The Ethics of Immutable Things：Interpreting Lü Dalin's Illustrated
　　Investigations of Antiquity，" *Harvard Journal of Asiatic Studies*，Vol. 72，
　　No. 2，201，pp. 259 - 293；许雅惠，"Antiquarians and Politics：Anti-
　　quarian Culture of the Northern Song，960 - 1127，" *World Antiquarianism：
　　Comparative Perspectives*，Alain Schnapp et al. eds.，pp. 230 - 247。

③ Ebrey（伊沛霞），"Replicating Zhou Bells at the Northern Song Court，"
　　*Reinventing the Past：Archaism and Antiquarianism in Chinese Art and Visual
　　Culture*，Wu Hung ed.，pp. 179 - 199。

④ 夏超雄：《宋代金石学的主要贡献及其兴起的原因》，《北京大学学报》
　　（哲学社会科学版）1982 年第 1 期，第 73—74 页。宋仁宗礼制改革时
　　参照的古编钟依据钟上铭文被称为宝和钟。仁宗礼制改革的详细叙述参
　　见 Ebrey（伊沛霞），"Replicating Zhou Bells at the Northern Song Court，"
　　*Reinventing the Past：Archaism and Antiquarianism in Chinese Art and Visual
　　Culture*，Wu Hung ed.，pp. 183 - 188。

个思想背景。① 礼制改革不仅是宫廷资助古器物收藏与研究的动力，而且推动了大量样式很接近古器物的仿古礼器制作。宋朝仿古礼器中最著名的当数宋徽宗朝所造的大晟编钟（the Dasheng bells），许多关于宋徽宗礼制改革的研究都对此有所论及。②

第三个趋向是探索这一运动对宋朝及后世中国文化和社会的诸多方面如古文字学、书法、绘画、地理以及地方风俗的影响。③ 例如，12—13 世纪士大夫文化的物质构成中，古器物起着至关重要的作用。商周青铜器和古代铭文拓本，加上美术藏品（如古代大师的书法绘画作品），被用来支撑宋朝士大夫精致的生活；④ 对古玩艺术的鉴赏与中国士大夫文化中的核心价值亦产生了和谐共鸣。宋朝复兴古礼的影响在后世刊行的仪礼读本中有迹可循，这些读本中尤为突出的一部是著名经学家朱熹（1130—1200）撰写的。⑤

近年有关尚古运动一些具体细节的研究有助于为进一步

---

① 陈芳妹：《宋古器物学的兴起与宋仿古铜器》，《美术史研究集刊》第 10 期，2001 年，第 55—99 页。

② 陈梦家：《宋大晟编钟考述》，《文物》1964 年第 2 期，第 51—53 页；陈芳妹：《宋古器物学的兴起与宋仿古铜器》，《美术史研究集刊》第 10 期，2001 年，第 63—74 页；Ebrey（伊沛霞），"Replicating Zhou Bells at the Northern Song Court," *Reinventing the Past：Archaism and Antiquarianism in Chinese Art and Visual Culture*, Wu Hung ed., pp. 188 – 194；胡劲茵：《北宋徽宗朝大晟乐制作与颁行考议》，《中山大学学报》（社会科学版）2010 年第 2 期，第 100—112 页。

③ 叶国良：《宋代金石学研究》，第 249—277、297—303 页。

④ 夏超雄：《宋代金石学的主要贡献及其兴起的原因》，《北京大学学报》（哲学社会科学版）1982 年第 1 期，第 74 页。夏参考了赵希鹄（活跃于 12 世纪末至 13 世纪初）的《洞天清录》所载用于文化消费的一系列物品。

⑤ 许雅惠：《宣和博古图的间接流传——以元代赛因赤答忽墓出土的陶器与绍熙州县释奠仪图为例》，《美术史研究集刊》第 14 期，2003 年，第 1—26 页；陈芳妹：《与三代同风：朱熹对东亚文化意象的形塑初探》，《美术史研究集刊》第 31 期，2011 年，第 61—150 页。

的探索建立两种范例。① 一种范例是考察那些顶尖尚古学者的生活和行为，以再现这些人对尚古运动的影响。研究得最多的三位尚古学者分别是：杰出的古文运动大家和政治家欧阳修、著名的文人画家李公麟和备受争议的皇帝艺术家宋徽宗。他们在文学、绘画和政治领域都是声名显赫的角色。在详尽阐明尚古学者的作用、建立了对个体理解的基础上，研究不仅再现了他们参与其间的运动，而且透过关键人物之间的关系，在整个宋朝历史中定位了这场运动。另一种范例是考察单个的或一连串的事件，以理解这一运动的发展。最能说明问题的事件也许是宋徽宗的古青铜器藏品的收集和流散。在此事件发生的数十年间，许多目击者都留下了详细的记述。② 这些皇家的收藏不仅带来那本最霸气的古青铜器图录《宣和博古图录》的编纂，而且它们也与那场在皇帝支持下推行的宋廷礼制改革的关系最为密切。此外，这些皇家收藏还刺激了当时的青铜礼器仿造，许多仿品流传至今。

这些研究范例催生了大量的成果，极大地丰富了我们对宋朝尚古运动的理解。然而，由于它们聚焦于尚古学者个人和历史事件，得出的往往是对这一运动的割裂看法，缺乏一个整体理解。本书在王国维所辨析的宋朝金石家们各类活动的基础上，从他们的三大类主要活动——收藏、著述和鉴赏

---

① 关于这些样式和类型值得注意的研究包括 Harrist（韩文彬），"The Artist as Antiquarian: Li Gonglin and His Study of Early Chinese Art," *Artibus Asiae*, Vol. 55, No. 3 - 4, 1995, pp. 237 - 280; Egan（艾朗诺），*The Problem of Beauty: Aesthetic Thought and Pursuits in Northern Song Dynasty China*, Cambridge, MA: Harvard University Press, 2006, pp. 7 - 59; Ebrey（伊沛霞），"Replicating Zhou Bells at the Northern Song Court," *Reinventing the Past: Archaism and Antiquarianism in Chinese Art and Visual Culture*, Wu Hung ed., pp. 179 - 199。

② 例如蔡绦（11世纪末—12世纪中）《铁围山丛谈》卷5，中华书局，1983。

出发来探讨宋朝的尚古运动。① 我们的研究突出揭示了金石拓本在这一运动中作为收藏和研究的主要物质材料的必不可少的作用，同时指出宋朝尚古学者的著述对记录此运动中的活动，以及提供一个关于古代的不同观点交锋的论坛之重要性。

宋朝中国与近代早期欧洲的崇古主义

在近代早期，特别是文艺复兴时期的欧洲，也出现了与宋朝尚古运动十分相似的嗜古和收集古器物的冲动。② 这种近似之处吸引了研究尚古运动各种问题的学者们极大的关注。宋朝中国和文艺复兴时期欧洲的古物收藏研究者们都潜心倾力对古器物进行记录、分类和保护。在一则常被提及的逸事中，意大利的人文主义者波焦·布拉乔利尼（Poggio Bracciolini，1380－1459）面对着卡皮托利尼山（the Capitoline）上的罗马废墟叹息道："这个曾经的世界奇观，如今已坍塌。多么大的变化，让它面目全非！"受此沉痛的情景激发，波焦开始写作《罗马城遗迹考述》（1431）。这是一本关于古代城市的详细记录，也是第一部考古学家的著述，旨在保存这些坍圮的古建筑的信息。③ 之后，他承认人力之所

① 王国维：《宋代之金石学》，《国学论丛》第 1 卷第 3 号，1927 年，第 45—49 页。他指出，宋朝金石学在收集、著录和研究古碑铭方面做出了巨大贡献。

② Miller and Louis eds., *Antiquarianism and Intellectual Life in Europe and China, 1500－1800*, Ann Arbor: University of Michigan Press, 2012, pp. 1－24；Rawson（罗森），"Novelties in Antiquarian Revivals: The Case of the Chinese Bronzes,"《故宫学术季刊》第 22 卷第 1 期，2004 年，第 1—24 页；Schnapp, *The Discovery of the Past*, Ian Kinnes and Gillian Varndell trans., New York: Harry N. Abrams, 1997, pp. 74－79。

③ Mazzocco, "Petrarca, Poggio, and Biondo: Humanism's Foremost Interpreters of Roman Ruins," *Francis Petrarch, Six Centuries Later: A Symposium*, Aldo D. Scaglione ed., Chapel Hill: Department of Romance Languages, University of North Carolina, 1975, pp. 353－363。

不逮，如古罗马城一般的巨大物体之崩塌就清楚地表明了这一点："无常的力量是惊人的——即使如此规模的建筑也被摧毁殆尽，它们的建造者曾妄想逃脱如此命运。这些伟大的建筑几乎无一幸免。"[1]

波焦或许会把欧阳修引为同道，后者在目睹了古代遗迹的倾圮后大受触动，生出物质世界如此有限的感叹，这种怀古之情也曾令波焦黯然神伤。看着一通被严重损毁的初唐石碑，欧阳修哀叹道："因感夫物之终敝，虽金石之坚不能以自久。"[2]正是出于这种认识，欧阳修开始搜集古碑帖铭文，之后又写作了大量关于这些铭文及其相关历史内容的跋。他开创了一个收藏类目，在后来的几个世纪中被广为仿效。这个肇始于欧阳修的传统，最终发展成为一门研究中国古碑帖铭文和器物的学问，至南宋、元、明时期仍是文人士大夫们热衷的学术雅好。[3]

受文艺复兴人文主义关于古代的观念启发，刚刚步入近代的欧洲出现了所谓的"古董行业"（antiquarian enterprise），这与 14—18 世纪古文物学家不断地收集和考察古代遗存密切相关。[4] 欧洲古文物学家的谱系开始于意大利学者、

---

① Poggio Bracciolini, Giovanni Oliva, Domenico Giorgi, *Historiae de varietate fortunaelibri quatuor*, book 1, 7, Lutetia Parisiorum: Constelier, 1723.

② 关于欧阳修 1045 年见到这件古碑文的叙述，参见本书第一章对此事件的进一步讨论。欧阳修：《唐孔子庙堂碑》，《集古录跋尾》卷 5，李逸安点校《欧阳修全集》卷 5，第 2187—2188 页。

③ 陈云倩，"The Song-Ming Connection in the Ming Study of Ancient Inscriptions," *Journal of the Society for Ming Studies*, Vol. 71, September 2015, pp. 29 – 39。

④ Momigliano, "Ancient History and the Antiquarian," *Journal of the Warburg and Courtauld Institutes*, Vol. 13, 1950, pp. 285 – 315; Levine, *Humanismand History: Origins of Modern English Historiography*, Ithaca, NY: Cornell University Press, 1987, pp. 73 – 106; Miller, "Major Trends in European Antiquarianism, Petrarch to Peiresc," *The Oxford History of Historical Writing*, Vol. 3, José Rabasa, Masayuki Sato, Edoardo Tortarolo, and Daniel Woolf eds., Oxford: Oxford University Press, 2012, pp. 244 – 260.

诗人弗兰齐斯科·彼特拉克（Francesco Petrarch，1304 –
1374），是他最早复活古典知识，开始了文艺复兴运动，重
新发现了许多古代写本，包括古罗马演说家和政治家西塞罗
（Cicero）的书稿。[1] 在他的著作中，彼特拉克以概括的描述
复原了古罗马遗迹（Roman antiquities），其中最为重要的是
他关于古罗马的地理测量研究。他的著作启发了其后一百年
间的古文物收藏研究家，特别是波焦和弗拉维奥·比昂多
（Flavio Biondo，1392 – 1463）。在罗马废墟里看到的那些非
凡形象令这两位意大利人文主义者敬畏赞叹，他们追随着那
位前辈的足迹研究古城的四至布局，以冀再现这座废墟的原
始建筑，确定其精确位置。他们试图将废墟与其社会、政治
功能联系起来，放在相关的背景下研究。[2] 因此他们的研究
是在一个双重系统中进行的：一方面，他们考察那些物理遗
存，包括铭文、建筑、雕塑和金属货币，记录幸存的一切；
另一方面，他们征诸文献记录，特别是那些有关罗马的古典
文学和历史档案，来解释古代事物。[3]

　　虽然这两位古文物学家的研究都是从考察古罗马开始
的，但他们追寻的目标大不相同。在波焦看来，罗马城之
坍毁是时间具有破坏性的明证，即使"永恒"之城也难逃
宿命，正是这一宿命将这座城市的过去与现在分离。出于
对此种不测的兴趣，他把对罗马废墟的研究融合进了他写

[1]　Mazzocco, "The Antiquarianism of Francesco Petrarca," *Journal of Medieval and Renaissance Studies*, Vol. 7, 1977, pp. 203 – 224.

[2]　Mazzocco, "Petrarca, Poggio, and Biondo: Humanism's Foremost Interpreters of Roman Ruins," *Francis Petrarch, Six Centuries Later: A Symposium*, Aldo D. Scaglione ed., pp. 353 – 363.

[3]　Miller ("Major Trends in European Antiquarianism, Petrarch to Peiresc," *The Oxford History of Historical Writing*, Vol. 3, José Rabasa, Masayuki Sato, Edoardo Tortarolo, and Daniel Woolf eds., pp. 255 – 256) 论证了近代早期欧洲的古文物研究学者们多依赖文字材料去理解古代世界，来自过去的实物材料在很大程度上被视为联结古代的标志物。

作于 1448 年的 *Historiae de varietate fortunae*[①] 一书中。这本大部头著作由几个研究结集而成，其中所研究的历史事件和人物无一例外地证明了一种渐进却终究到来的灭亡。[②] 与波焦相反，比昂多对古罗马的兴趣则更多地源于这座城市的当代状态。经过长达一个多世纪的阿维尼翁教廷和天主教会大分裂时期，罗马陷入了战争和人口锐减的泥淖，教廷在 15 世纪初重返该城时发现它亟待修复。[③] 比昂多认为重建古罗马城与修复这座当代城市是并行不悖的，他断言要恢复此城作为教廷驻所的显赫地位，只能在全盘复活古罗马的基础上。因此他于 1444—1446 年写作了 *De Roma instaurata*[④]，这是第一部系统地重构古罗马的著作，包括对古代遗址的实际丈量和大量的历史记述。他把此书题献给对这座永恒之城持有和他一样看法的教皇尤金四世（Pope Eugene Ⅳ，1431 – 1447 年在位），后者也是大力赞助其复活古罗马的金主。[⑤]

这种联结古今的政治举措令人想起早于它三个世纪发生在宋朝颇具戏剧性的古礼复兴。在宋人的政治信仰中，古代有着强大的象征意义；出于此种信仰，宋徽宗及其朝廷官员

---

① 承本书作者陈云倩女士见告，该作品英译即 *On the Vicissitudes of Fortune*，汉译似为《命运无常》。——译者注

② Richardson, *Reclaiming Rome: Cardinals in the Fifteenth Century*, Leiden: Brill, 2009, pp. 175 – 176. 有关这部著作的简论，参看 Miller, "Major Trends in European Antiquarianism, Petrarch to Peiresc," *The Oxford History of Historical Writing*, Vol. 3, José Rabasa, Masayuki Sato, Edoardo Tortarolo, and Daniel Woolf eds. , pp. 249 – 250。

③ 1420 年前后的罗马由于军阀蹂躏、日益贫困而人口锐减、肮脏不堪，参看 McCahill, *Reviving the Eternal City Rome and the Papal Court, 1420 – 1447*, Cambridge, MA: Harvard University Press, 2013, pp. 2 – 10。

④ 承本书作者陈云倩女士见告，该作品英译即 *Rome Restored*，汉译似为《重建罗马》。——译者注

⑤ McCahill, *Reviving the Eternal City Rome and the Papal Court, 1420 – 1447*, pp. 174 – 175.

们坚定不移地以复活近两千年前的上古时代为己任。他们对商周（约公元前 1500—前 300）古器物进行了大规模研究，写作出许多关于古礼的著作，生产和再生产出大量仿古形制的礼器。① 比昂多的重建古罗马城对 15 世纪天主教廷的重建产生了深刻的影响，与之相似，宋朝尚古学者对古礼的研究也引发了宋朝国家祭祀仪礼的改革，最终导致了整个中国仪礼制度的全面修订。②

波焦和比昂多表述的古代观念激起了人们对艺术品实物的狂热兴趣，这种兴趣后来发展成野心勃勃的项目，涉及大规模的发掘和收藏，并集中体现为 16 世纪初著名的法尔内塞收藏（Farnese Collection）。这个以古罗马雕塑、钱币和写本而著称于世的收藏，是由教皇保罗三世（Pope Paul Ⅲ，1468 – 1549）通过合并之前属于几个罗马精英家族的收藏而成的。③ 除了直接从这些家族获取文物之外，保罗三世还下令挖掘了几座古罗马遗址——最重要的遗址是古罗马广场（the Roman Forum）和卡拉卡拉浴场（the Baths of Caracalla）。④ 其中一个最伟大的发现是一座 3 世纪的巨大雕塑，即今天广为人知的法尔内塞大力神（the Farnese Hercules）。这个宏伟的大理石雕像从罗马的浴场出土，之后放置在法尔内塞宫（the courtyard of the Palazzo Farnese）的庭院中，成为

---

① 陈芳妹：《宋古器物学的兴起与宋仿古铜器》，《美术史研究集刊》第 10 期，2001 年，第 55—89 页。

② Ebrey（伊沛霞）生动地描述了大修仪礼期间祭祀编钟的重铸，参见 "Replicating Zhou Bells at the Northern Song Court," *Reinventing the Past*: *Archaism and Antiquarianism in Chinese Art and Visual Culture*, Wu Hung ed.，pp. 179 – 199。

③ Stenhouse, "Visitors, Display, and Reception in the Antiquity Collections of Late-Renaissance Rome," *Renaissance Quarterly*, Vol. 58, No. 2, Summer 2005, pp. 397 – 434.

④ Parker, *The Archaeology of Rome*: *The Via Sacra*: *Excavations in Rome, from 1438 to 1882*, Oxford: Oxford University Press, 1883, pp. 1 – 29.

这个家族最引以为豪的财产（图 I. 2）[1]

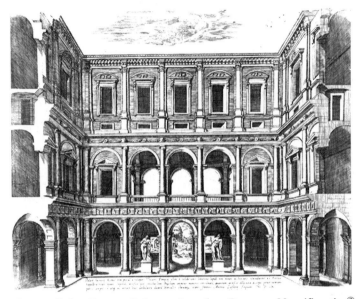

图 I. 2　佚名，*Farnese Palazzo*, *Speculum Romanae Magnificentiae*[2]，1560，雕刻和蚀刻，39 厘米 × 49.5 厘米。大都会博物馆，41.72 (3.50)

　　法尔内塞收藏在教皇的孙子红衣主教亚历山德罗·法尔内塞（Alessandro Farnese, 1520 – 1589）手中进一步扩大，他以惊人的努力继续购买和发掘，并延聘了一批杰出的学者来研究这些收藏。[3] 这些法尔内塞的学者沿着古文物学家前

①　这座罗马雕像复制的是一座古希腊雕像，据说出自 Lysippos（留西波斯，活跃于公元前 4 世纪）之手。尽管原始的青铜像已不复存在，但有几座后世的复制品尚存，包括现藏于卢浮宫（Louvre）的一座青铜像（Haskell and Penny, *Taste and the Antique*: *The Lure of Classical Sculpture*, *1500 – 1900*, New Haven, CT: Yale University Press, 1981, pp. 229 – 232）。
②　承本书作者陈云倩女士见告，该作品英译即 *Farnese Palace*, *The Mirror of Roman Magnificence*，汉译似为《法尔内塞宫：宏伟罗马之镜》。——译者注
③　Stenhouse, "Panvinio and *Descriptio*: Renditions of History and Antiquity in the Late Renaissance," *Papers of the British School at Rome*, Vol. 80, 2012, pp. 233 – 256.

辈设定的研究轨迹，结合出土文物，深入地研究古文物的形式和特征，努力重构过去的历史。例如，法尔内塞图书馆馆长、古典学者富尔维奥·奥尔西尼（Fulvio Orsini, 1529 - 1600），在他关于古代政治家和哲学家的著作 Imagines et elogia virorum illustrium et eruditor ex antiquis lapidibus et nomismatib① （初版于 1570 年）中，每分析一个历史人物并为其编写词条时，都附带一条引用自古代文本和碑文的简介。这些词条的插图即复制古钱币、勋章、胸像、头像方碑或雕像等实物的图像（图 I. 3）。身为这一收藏的主要顾问并且自己也拥有大量的古物藏品，奥尔西尼得以直接考察这两个来源的丰富材料。通过对画像的比较研究，他将画像特质与具体的历史人物联系起来，开创了古代肖像的研究范式。②

另一个例子是，法尔内塞收藏博物馆馆长、奥古斯丁派修士奥诺弗里欧·潘维尼奥（Onofrio Panvinio, 1530 - 1568）在主持古罗马的研究活动时，将出土的古物资料广泛地应用于其研究之中。潘维尼奥专注于有关国家典礼和建筑主题的考索，借助古文物，尤其是雕塑、柱饰和钱币上那些引人入胜的形象的细节描绘，还原了古罗马的凯旋游行、角斗士竞技等庆典仪式。③在奥尔西尼和潘维尼奥的研究中，他们都以古文物的形式和特征为主要资源，努力重构古代。在宋朝中国也能看到这种对古物形制和元素的强烈兴趣，古器物的类型、装饰细节等被详细地记录和分析。描摹这些细节是杰

---

① 承本书作者陈云倩女士见告，该作品英译似为 Images and Eulogies of Illustrious and Learned Man from Ancient Stones and Coins，汉译似为《古碑石钱币上的智者意象之颂》。——译者注

② Haskell, History and Its Images: Art and the Interpretation of the Past, New Haven, CT: Yale University Press, 1993, pp. 39 - 40.

③ 图画再现可见 Onofrio Panvinio 的著作，De ludis circensibus, libri Ⅱ: De triumphis, liber unus. Quibus universa ferè Romanorum veterum sacra ritusque declarantur，该书出版于他故后的 1601 年。

**图 I.3　富尔维奥·奥尔西尼著，安东尼·拉弗雷利（Antoine
Lafréry，1512–1577）雕刻。*Imagines et elogia
virorum illustrium et eruditor ex antiquis lapidibus
et nomismatib*，1570。克拉克艺术学院图书馆**

出的尚古学者如文人画家和收藏家李公麟、宫廷学者董逌
（活跃于 12 世纪 20 年代）和黄伯思（1079—1118）等人研
究的重要内容。① 这些尚古学者将仪礼意义与古器物的形制
和特征相联系，由此建立起一套研究古代中国的独特的符号

---

① 董逌和黄伯思负责宋徽宗的古礼器收藏图录的编撰，参见陈云倩
"Cataloguing Antiquity: A Comparative Study of the *Kaogu tu* and *Bogu tu*,"
*Reinventing the Past: Archaism and Antiquarianism in Chinese Art and Visual
Culture*, Wu Hung ed. , pp. 200–228。

学方法。

对古希腊罗马的痴迷也促使古文物学者把注意力投向自然历史。法国律师佩雷斯克（Peiresc，1580－1637）就是一个很好的例子，他同时也是自然学者、考古和科学学术项目的赞助人。他涉猎范围颇广，包括古钱币、铭文、化石和动物标本等。在佩雷斯克看来，来自古代的事物，人造的或自然的，重要的或平常的，都是信息资源，终究都会带给我们全面理解古代世界必不可少的知识。① 佩雷斯克不是把种类繁多的收藏作为炫耀学识的展示柜，而是用作驱除有关古代的谬见以获得新认识的材料。② 他对自然和历史孜孜不倦的研究令人联想到宋朝的政治家和博物学家沈括（1031—1095），他对于古代和自然的兴趣涵盖众多主题，从考古到天文，从武器制作到水利工程。在他的笔记《梦溪笔谈》中，沈括怀着广泛的好奇心和文人式的人本关怀，观察研究古器物、自然现象、技术和医药等。③

宋朝中国和近代早期欧洲的古文物学者除了有着共同的兴趣和眼光之外，他们在物质文化中寄寓古代理想的做法也颇为相似。在众多的例子中，骄傲地陈列在亚伦道尔伯爵托马斯·霍华德（Thomas Howard，1585－1646）花园里的那些令人印象深刻的收藏，诸如古雕像、石棺、祭坛、钱币和石碑，令我们想到宋徽宗的古董藏馆（antique galleries）里摆

---

① Miller, *Peiresc's Europe: Learning and Virtue in the Seventeenth Century*, New Haven, CT: Yale University Press, 2000, pp. 23－26.

② 佩雷斯克干了一件很出名的事，就是拆穿了关于 1613 年发现古巨人头颅的断言。参见 Miller, *Peiresc's Europe: Learning and Virtue in the Seventeenth Century*, pp. 30－32。

③ 沈括的书包括各种奇闻逸事、对历史及当代政治事件和特征的反思，许多观点都与改革者王安石（1021—1086）如出一辙，沈括是他的坚定追随者。Sivin（席文），"Shen Kua: A Preliminary Assessment of His Scientific Thought and Achievements," *Sung Studies Newsletter*, No. 13, 1977, pp. 31－56。

满的古青铜编钟、三足鼎、花瓶和铜镜等皇家收藏。[①] 乔瓦尼·巴蒂斯塔·皮拉内西（Giovanni Battista Piranesi，1720 - 1778）描绘罗马废墟的版画（图 I.4）在欧洲的持续风行，令人联想到宋朝那些古礼器图录的广为发行。[②]

图 I.4　乔瓦尼·巴蒂斯塔·皮拉内西，*Veduta di Campo Vaccino*
from *Vedute di Roma*[③]，约 1775。蚀刻版画，
40.7 厘米 × 54.5 厘米；版面，50.9 厘米 ×
65.2 厘米。耶鲁大学艺术馆，1953.48.2

[①]　对于收藏家亚伦道尔伯爵及其收藏的记述，参看 Hanson，*English Virtuoso：Art，Medicine，and Antiquarianism in the Age of Empiricism*，Chicago：University of Chicago Press，2009，pp. 23 - 25；关于宋徽宗的古物收藏，参看 Ebrey（伊沛霞），*Accumulating Culture：The Art and Antiquities Collections of Emperor Huizong*，Seattle：University of Washington，2008，pp. 153 - 203。

[②]　Webb，*English Romantic Hellenism，1700 - 1824*，Manchester：Manchester University Press，1982，pp. 1889 - 1891；许雅惠：《宣和博古图的间接流传——以元代赛因赤答忽墓出土的陶器与绍熙州县释奠仪图为例》，《美术史研究集刊》第 14 期，2003 年，第 1—26 页。

[③]　承本书作者陈云倩女士见告，该作品英译即 The View of The Forum Romanum from The View of Rome，汉译似为《〈罗马景观〉中的〈罗马广场之影〉》。——译者注

　　宋朝的古物收藏研究者与他们的欧洲同道之间有着引人瞩目的相似性，从这一点来看，对后者的重要研究也可借鉴前者。有两种相关的研究欧洲复古运动的基本方式在此可资参照：一是考察引发这场运动的历史背景，二是关注重要的古文物学家的活动。学者们认为欧洲的复古运动建立在文艺复兴人文主义的基础上，与通过古希腊罗马著作流传下来之古典理想，以及保存于古铭文、钱币、雕刻和建筑中的知识之再发现密切相关。① 对古代的崇敬大大地刺激了近代早期欧洲的古董收藏研究。自 16 世纪起，就有了以古希腊罗马作家诸如希腊哲学家柏拉图（Plato，公元前 428—前 348）、罗马政论家西塞罗（公元前 106—前 43）和罗马历史学家李维（Livy，公元前 59—17）等为主的一整套古典教育课程，培养出了一代代的饱学之士，他们精通古典文化，强烈认同古代思想家阐明的那些理想。他们相信道德价值和良好政治的榜样只能在古典作家那里找到。他们不仅模仿古典作家的修辞技巧和写作风格，而且也仿效古人的生活方式和个性风格。

　　与之相似的是，在宋朝尚古学者的身上也能找到根植深远的历史源头。自从 2 世纪汉朝皇帝独尊儒术并把它作为政治和道德的至高指导原则，古典经学的教育就在中国的知识文化发展中居于中心地位了。对儒家经典的尊崇发展出一套含义丰富的传统注疏。一代又一代学者直接联系自身所处的时代对古本经文进行注解，从而重建经典的权威性。然而，这一传统在宋朝建立前的历史时期——五代十国（907—979）中断了。在 10 世纪初，随着唐朝的衰亡，中国北方经历了几个短命的政权，南方则出现了一些小的政权，同时北方边境盘踞着一些民族政权。此分裂时期的出现，根源于曾经辉

---

① Levine, "The Antiquarian Enterprise," *Humanism and History: Origins of Modern English Historiography*, Ithaca, NY: Cornell University Press, 1987, pp. 73 - 75.

煌的唐朝的逐渐没落，这一过程早在唐中期那场迫使皇帝出逃的军事叛乱时就开始了。这场由安禄山（703—757）和史思明发动的灾难性事变被称为"安史之乱"（the An-Shi Rebellion，755 - 763），带来了影响中国社会两百年的制度和文化上的变化。[1] 其中一个最重大的影响是尚武之风盛行，它支撑了 10 世纪的各个割据政权。[2]

　　宋朝初年，朝廷迫切需要重建文明秩序，终结武装势力的擅权，以使中国统一在新王朝之下。恢复文明秩序成为宋朝朝野上下的共同愿望，这在最初几十年间完成的一系列文献汇编中都有所表述。[3] 这些文献汇编旨在再续被中唐以后的军事动乱所中断的尚文传统，促进恢复在分裂时期几近湮灭的古代文献。宋朝初期这种急于重建失落的文化传统的热情，与文艺复兴时期的欧洲热切恢复古希腊罗马文献如出一辙。不过，宋初文学复兴的强烈动机出自君臣的一个共识，即大宋图存有赖于古代文化传统的复兴。这种观念给宋人眼中的古代染上了强烈的政治色彩，成为宋朝尚古运动的突出底色，即使其焦点已经从王朝的兴亡转移到古代原真性的审美关注上亦是如此。

　　有关欧洲复古运动的大部分学术研究都是对杰出的古文物学家的生活与作品的研究。这些研究的基本前提建立在近

---

① Bol（包弼德）在讨论随着这场叛乱出现的文化和制度危机时，认为导致这一后果的原因，是该事件与叛乱前就已出现的对文化传统信心的缺失等。参看 *"This Culture of Ours"*: *Intellectual Transitions in T'ang and Sung China*, Cambridge, pp. 108 - 147。

② Pulleyblank（蒲立本），"The An Lu-shan Rebellion and the Origins of Chronic Militarism," *Essays on T'ang Society*: *The Interplay of Social*, *Political and Economic Forces*, John Curtis Perry and Bardwell L. Smith eds., Leiden: Brill, 1976。

③ 这些鸿篇巨制包括《太平御览》（完成于 984 年）、《太平广记》（完成于 978 年）和《文苑英华》（初稿完成于 986 年）。关于这些编修工程及其政治意义的讨论，参见 Kurz, "Politics of Collecting Knowledge: Song Taizong's Compilations Project," *T'oung Pao*, Vol. 87, No. 4 - 5, 2001, pp. 289 - 316。

代早期欧洲的古文物学家与历史学家之间的争论上，人们相信这一争论古已有之。历史学家阿纳尔多·莫米利亚诺（Arnaldo Momigliano）指出，早在公元前 5 世纪，关于政治事件和制度的历史写作就与搜集遥远古代社会各个方面信息的研究泾渭分明。[1] 前一类的作品是由"历史学家"写作的，代表人物即修昔底德（Thucydides，公元前 460—前 395），他主要的关注点在于建立历史叙述的史诗传统。后一类属于所谓的"古文物学家"，代表人物是希庇亚斯（Hippias，公元前 5—前 4 世纪），柏拉图的《大希庇亚篇》有述，他在英雄人物谱系、地方官员姓名，以及古代城市起源等方面十分博学。一位古文物学家的学识，如希庇亚斯的博学，容易使之更长于分类而非叙事。系统地记录知识的艺术在马库斯·特伦提乌斯·瓦罗（Marcus Terentius Varro，公元前 116—前 27）那里得到了完美的体现，他在大量物质证据积累的基础上写出了涉猎各种语言、宗教和古代风俗的著作。[2] 他由于在当时史料基础上系统重建了古代世界的贡献，被看作古文物学家的开山祖师。[3]

尽管有些人强调历史学家和古文物学家之间应对话而非对立，但这两大阵营之间的对立关系也是一般学者公认的。[4] 在

---

① Momigliano, "Ancient History and the Antiquarian," *Journal of the Warburg and Courtauld Institutes*, Vol. 13, 1950, pp. 287 – 288.

② Bounia, *The Nature of Classical Collecting: Collectors and Collections 100 BCE – 100 CE*, Aldershot, Hampshire: Ashgate, 2004, pp. 53 – 54.

③ Momigliano, "Ancient History and the Antiquarian," *Journal of the Warburg and Courtauld Institutes*, Vol. 13, 1950, p. 289; Schnapp, *The Discovery of the Past*, Ian Kinnes and Gillian Varndell trans., pp. 60 – 65.

④ Bounia 认为历史学家和古文物学家的分歧主要在于认识古代的方法论不同，而非理解过去的目的不一致（*The Nature of Classical Collecting: Collectors and Collections 100 BCE – 100 CE*, pp. 46 – 64）。Phillips 则通过强调 18 世纪英国史家所撰历史的多样性指出这种两分法的观点有待商榷（"Reconsiderations on History and Antiquarianism: Arnaldo Momigliano and the Historiography of 18th – Century Britain," *Journal of the History of Ideas*, Vol. 57, 1996, pp. 297 – 316）。

这种模式下，历史学家会提出关于历史发展的某种理念或问题，他的研究是从历史文献中寻找证据来支持他的理论；他的求证结果会呈现为逻辑连贯的历史叙事，凸显他对人类文明进程的哲学思考。相对而言，驱使古文物学家的是对过去遗迹的痴迷。他会搜寻和收集历史遗存或有文物价值的物品；他会遵循一套分类体系，依据物品的内在性质而非它们与历史叙事的相关性，进行古物分类研究。最终，古文物学家会做出关于古代世界物质文化的描述，而不是对应的历史著述。由于工作的方法规则以及目的大为不同，历史学家常常诟病古文物学家埋首于有关过去的琐琐碎碎中，缺乏更深层次的历史理解。古文物学家则反讥历史学家夸夸而谈有关人类文明的宏大理论却缺乏物质证据。[1] 在近代早期的欧洲，爱德华·吉本（Edward Gibbon，1737－1794）的《罗马帝国衰亡史》（1776—1789）和约翰·约阿辛·温克尔曼（Johann Joachim Winckelmann，1717－1768）的《古代艺术史》（1764）等重要作品在历史学家和古文物学家之间的鸿沟上架起了桥梁。这些著作考据和查证了原始材料，如古代铭文和有形文物，以及历史学家和古文物学家的二手研究，形成了既哲学又博物的古代知识。[2]

　　尽管宋朝的尚古运动与其欧洲的同道有近似之处，但就宋朝尚古运动的某些基本特性而言，二分法模式揭示出两种根本的不同。历史学家和古文物学家的观念分野，自修昔底德和希庇亚斯时代以来就已成为欧洲知识史的特性，却不适用于宋朝的尚古运动。宋朝的历史学家和尚古学者对于古代

---

①　Momigliano, "Gibbon's Contribution to Historical Method," *Historia*, Vol. 2, 1954, pp. 450－463.

②　Momigliano, "Gibbon's Contribution to Historical Method," *Historia*, Vol. 2, 1954, pp. 450－463；Miller, *Momigliano and Antiquarianism: Foundations of the Modern Cultural Sciences*, Toronto: University of Toronto Press, 2007, p. 20.

有着共同的关注和治史方法。宋朝的尚古学者严格地分析古物的历史关联性，以此作为他们研究的主要目的。宋朝的历史学家日常也收藏和研究古代器物和文献，以作为他们研究必不可少的手段。早在公元前 1 世纪，中国传统史学就将这两种研究兴趣结合起来，形成了"史"这一概念。按照此种观念，人类历史是由天道指引的，可以通过研究历史事件的过程、个人的行动以及来自过去的器物理解历史的意义。①伟大的历史学家司马迁（约公元前 188—前 145）②的《太史公书》（通常称为《史记》）是这种历史观最早的榜样，他在著作中强调"史"的价值和精髓就是要直言不讳地评论历史事实的道德教训。司马迁著史除了引用早期的文献外，还实地探查与具体历史事件有关的各个遗址或遗迹，大量引用所采集到的第一手信息，采用直接的证据写史，这为宋人借助古文物材料治史开了先河。③

　　中国传统历史观自带的这种既注重哲学基础又重视经验证据的双重性，从一开始就把历史学和古文物研究这两大知识分支绑在了一起，对古代有共同追求的宋朝历史学者和尚古学者也顺理成章地合二为一。例如，宋朝顶尖的尚古学者欧阳修首先并主要以其历史研究而著称于世。④他编修了

① 黄俊杰、古伟瀛：《中国传统史学与后现代主义的挑战》，《传统中华文化与现代价值的激荡与调融（二）》，台北：喜马拉雅基金会，2002，第 1—15 页。
② 约公元前 145—前 90 年。——译者注
③ 黄俊杰、古伟瀛：《中国传统史学与后现代主义的挑战》，《传统中华文化与现代价值的激荡与调融（二）》，第 1—15 页。
④ 欧阳修也以其古物研究的成就、文学艺术的天才，以及在宋朝政坛上的政见而著名。参见刘子健（James T. C. Liu），*Ou-yang Hsiu: An Eleventh-Century Neo-Confucianist*, Stanford, CA: Stanford University Press, 1967, pp. 85 – 154；Egan（艾朗诺），"Ou-yang Hsiu and Su Shih on Calligraphy," *Harvard Journal of Asiatic Studies*, Vol. 49, No. 2, December 1989, pp. 365 – 419。

《新五代史》（约 1036—1053）。在编撰离宋朝最近的这段时期的政治史时，欧阳修把历史事件的细节组织成晓畅的叙事，对五代时期在整个中国历史发展中的重要性做了最好的阐述。除了叙述历史，他还运用备受推崇的"《春秋》（公元前722—前 481 年的鲁国编年史）笔法"来褒贬、评价事件和人物。[①] 欧阳修的评论反映了他对儒家道德命题以及五代各个统治集团政权更迭和文化正统问题的思考，显示了他的史识。[②]

欧阳修主要依据档案文献进行研究，同时他也认为古铭文和古器物与当时的官方记录一样可靠，都可以用来重构历史，因为古铭文正是在所讨论的那段历史时期制作出来的。诚如欧阳修在他的古器收藏录的序言中所称，将古器物考订资料应用于历史研究，正是促使他从事收藏的主要原因。事实上，自认为是历史学家或把治史当作自己最重要职业的宋朝尚古学者，往往将古器物材料作为第一手证据用于历史研究。欧洲经过长达数百年的分立，迟至近代早期有了所谓的"古董业"后，历史学家和古文物学家才出现融合，而二者的统一毫无疑问从一开始就是宋朝尚古运动的明确特征。

宋朝尚古学者和欧洲古文物学家的第二个不同则与他们的研究资料有关。宋朝尚古学者将古器物作为历史研究的证据，显示出方法论上的成熟，但这也附加了一种局限性。对比威廉·卡姆登（William Camden，1551－1623）的古代不列颠地志研究《不列颠志》与欧阳修的《集古录》，就能清楚地

---

① 欧阳修在他编纂的《新五代史》之序中明确地说他这部书采用了《春秋》褒贬的笔法。参见 Lee，"Ou-yang Hsiu's Application of the *Ch'un-Ch'iu* to His Histories，" *Chinese Culture*，Vol. 38，No. 2，June 1997，pp. 107 - 125。

② 欧阳修也通过评论表达对他那个时代有争议的政治问题的看法。这些评论与他的政治观点联系如此密切，我们可以通过比较他写作的修订版本观察他立场的演变。参见戴仁柱（Richard L. Davis），Introduction to *Historical Records of the Five Dynasties*，Richard Davis trans.，New York：Columbia University Press，2008，pp. xlviii-xlix。

看到此种局限性。《不列颠志》所讨论的古物材料范围很广，涵盖了从钱币、祭坛背壁装饰画、雕像、墓石到档案记录、抄本以及古代作家的著述等。[1] 卡姆登和他的收藏家朋友们，如约翰·森豪斯（John Senhouse，卒于1604年）、罗伯特·科顿（Robert Cotton，1571－1631）爵士、威廉·霍华德（William Howard，1563－1640）勋爵和弗朗西斯·戈德温（Francis Godwin，1562－1633）主教都有通信往来，因此了解大量古代遗存确切的地理位置及其上面镌刻的铭文。[2] 他仔细编排从涉猎广泛的古代材料中获取的信息，形成一个基本背景，同时特别注意那些铭文的内容及其出土的地理源头。这种双焦点的观察从时间和空间上勾勒出了一幅罗马统治下的不列颠历史地理图像。与卡姆登不同，欧阳修对古代材料的选择就有限得多，他的收藏只包括有铭文的古器物，许多不带铭文的都被他排除在外。而对于所收藏的古器物，他也只为那些铭文作注，完全忽略承载这些铭文的器物的物理特征。而且他对于古器物出土的地理位置也几无兴趣，在他的考释中只有很小一部分提到这些古物的出处。[3]

与他忽略古器物的物理存在相反，欧阳修十分重视碑刻铭文传达出来的史实。这一点从他经常长篇大论地考订铭文所提及的历史事件和人物中就能看到。[4] 他对铭文的这种执念应该放在以文为本的中国精英文化的语境中加以理解。作为国家仪轨中必不可少的元素，文字在早期中国把持着受命

---

[1] Richardson, "William Camden and the Re-Discovery of England," *Transactions of the Leicestershire Archaeological and Historical Society*, Vol. 78, 2004, pp. 108－123.

[2] Hepple, "William Camden and Early Collections of Roman Antiquities in Britain," *Journal of the History of Collections*, Vol. 15, No. 2, 2003, pp. 159－174.

[3] 其中一个例子是欧阳修的《集古录跋尾》卷4《刘熹学生冢碑》。此碑的物理位置在跋文中之所以至关重要，是因为这块碑铭的历史、碑文中所述的人物，与欧阳修自己人生中经历的事件均有某种程度的关联。

[4] 参看本书第一章中有关欧阳修的历史观与古代观的进一步论述。

于天的通道，被视为政治权威的象征。① 在此后的历史时期，
文书（尤其是史书）成为维护文化正统地位的基本工具而尤
被重视。② 古器物的物理特性代表着与古代的物质联系，而
古器物上的那些铭文（既象征着权威，又保存着历史信息）
则表明它们作为历史遗存和档案文献的双重作用，揭示这些
作用是宋朝古物研究的精髓。

宋人对于铭文的兴趣有助于解释宋朝尚古运动的一大特
性：许多收藏实际上是庞大古碑的拓墨本，而非这些纪念碑
本身。拓墨成为一种媒介，为宋朝尚古学者辨识古器物的历
史意义、克服这些碑铭通常物理性残破的不利条件提供了便
利。更重要的是，这种方式把铭文提取了出来并转化成文
本。这种形式的转换使古器物能够易于应用到以文字书写为
基础的宋朝知识精英的文化中。宋朝尚古学者是如此偏爱拓
墨之法，即使有古器物原件可用，他们也总把拓墨本当作首
选的媒介，如作为插图被董逌（12 世纪上半叶在世）用于
研究之中。身为宋徽宗宫廷中的古青铜礼器和铭文专家，董
逌在考订青铜器铭文时选择使用拓墨本，尽管他可以随意出
入皇家藏馆接触到器物本身。③

---

① 几项研究涉及了中国早期文献与政治权威的问题。参见 Lewis（陆威仪），
Writing and Authority in Early China，Albany：State University of New York
Press，1999；Connery，*The Empire of the Text：Writing and Authority in Early
Imperial China*，Lanham，MD：Rowman and Littlefield Publishers，1998。

② 赋予历史写作以特权是中国一个根深蒂固的传统，可追溯到战国时期
（公元前 5 世纪中—前 221）。参见 Lewis（陆威仪），*Writing and Author-
ity in Early China*。

③ 关于董逌在宋朝尚古学者著述中作用的讨论，参看陈云倩 "Cataloguing
Antiquity：A Comparative Study of the *Kaogu tu* and *Bogu tu*," *Reinventing
the Past：Archaism and Antiquarianism in Chinese Art and Visual Culture*，
Wu Hung ed.，pp. 212 - 225。由于其传统价值和技术的便利，拓墨本
仍然是当今研究青铜器铭文的学者们选择的媒介。例如，中国社会科
学院考古研究所编纂的标准商周青铜铭文的参考汇编《殷周金文集
成》，就是采用再制作的铭文拓片而非照片。

结　语

宋朝尚古运动的历史语境、物质特性以及普遍实践构成了这场复杂运动的一个基本图景。11 世纪时，政治和知识精英们开始保护古器物，历经晚唐五代战乱之后希望恢复文明秩序的共同愿望，以及恢复中国上古的权威，以确认其文化优越性和政治合法性的需要，激发了精英们的巨大热情。尽管这一时期整个社会涌动着收藏和研究古物的热潮，但人们更多的兴趣集中于一些特殊类型的器物——青铜礼器和纪念碑石上，原因是其具有仪礼的和历史的功用——这显示了宋朝主要皇室成员和高官涉足其中的此场运动的政治性质。许多古器物因其上包含历史内容的铭文被发现而变得越发重要，既被看作文物又被看作历史档案。怀着对文本和器物的强烈兴趣，宋朝尚古学者通常以拓墨为手段，仔细研究古器物的物理形制和铭文的历史内容。这些努力的结果是一大批研究上古物质文化的著述出版，这些著述对于从古器物风格特质中获取灵感的拟古风尚之流行起了关键作用。

第一章　欧阳修的《集古录》

　　宋朝金石学在中国文人的心目中占据着一个特殊的位置。自从 1062 年宋朝士大夫欧阳修编撰了那本广被仿效的著作《集古录》以后，在中国传统学术对于古代的研究中，古器物无所不在，由此生发出诸多疑问：关于古代可以从这些器物中了解什么？如何借助这些物质碎片重构古代世界？这些古器物如何印证或挑战之前通常是严格建立在文献基础上的历史叙事？对于那些全心全意投入这一研究中的学者来说，古器物的问题与他们的个人信仰息息相关：在与他人的辩论中，怎么运用古器物来支持自己对于古代的理解？怎么利用古器物表达自己审美的和道德的判断、世界观甚或时事观点？围绕古器物的讨论最终成为一种智识辩论和自我表达的论坛。

　　在宋朝尚古运动中，许多问题被第一次提出。收藏和考订古器物的类型构成古文物研究的核心，持续吸引着后世中国文人的注意。许多宋人的著录被后世痴迷此道的文人奉为圭臬，即使其中收录的古器物多数都因天灾人祸业已毁失。鉴赏雅事在宋朝尚古学者之间很流行，如古董收集、著录以及评价已成为一套必做的功课，与之相伴的还有绘画、书法和诗歌，它们在后世文人的活动中仍是保留节目。欧阳修等著名的收藏家也深受遵奉崇古传统的后世追随者景仰。

《集古录》研究的问题

中国文人对古物持续的兴趣外化为收藏的行动，用欧阳修《集古录》的书名指代这些行为再恰当不过了。他的收藏为一种新的文化实践开了先河，即将形式上属于不同品类的器物收集在一起。这些器物按新的分类被称为"金石"，分别指古代青铜器（ancient ritual bronzes）和石碑石刻（commemorative steles），这也是欧阳修的收藏中主要的两大类器物。这种新的分类为整个知识界所遵从，由此产生了一门新学问——金石学（the study of metal and stone）。学者最感兴趣的是这两类器物与古代有何种关联，它们蕴含的关于"古"的意义是什么，并在此种兴趣基础上建立了新的治学规则。在中国知识史上更大范围的古物研究发展中，金石学成为一门基本的学问。[①]

针对古器物的这一新分类的形成，也预示了它们将成为宋以后中国收藏家和尚古学者最热衷的两大收藏门类。金石，跟其他的文物一样，其收藏不仅极大地影响到了个人藏家，也影响到了整个社会。藏家通常有着特殊背景，尤其是其中一些人享有文化特权，在中国的社会政治等级制度中占据很高的地位。因此，金石与中国社会文化的基本价值大有关联。对金石强烈的渴求，使它们的金钱估值很高。金石成为新兴的古玩市场上的抢手货物，频繁地被买卖，有时也被劫掠或偷窃。金石作为文化象征和高价商品被抬到如此高度，是藏家们的主观评判与整个社会政治经济运作合力而成的结果。换言之，金石资料的"可收藏

---

① Von Falkenhausen, "Antiquarianism in East Asia: A Preliminary Overview," *World Antiquarianism: Comparative Perspectives*, Alain Schnapp et al. eds., Los Angeles: Getty Research Institute, 2013, pp. 35 – 66.

性"是个人与社会种种因素不断议价的结果。① 这一点对于我们研究欧阳修及其收藏很重要，因为欧阳修帮助确定了宋朝古物研究的标准，他的收藏展现了这一议价的过程，提供了另类的收藏策略。

欧阳修本人和继承了其收藏的后人的记述显示，收藏品多达一千多件。当时一定有人对此收藏的构成提出过疑问，然而，欧阳修没有直接回答这些问题，而是对他的收藏做了一个奇妙的描述："故上自周穆王以来，下更秦、汉、隋、唐、五代，外至四海九州，名山大泽，穷崖绝谷，荒林破冢，神仙鬼物，诡怪所传，莫不皆有，以为《集古录》。"②

始于西周穆王，传说中公元前 10 世纪的一个统治者，终于五代，这个宋朝之前的时代，欧阳修按着纪年顺序叙述了（藏品覆盖的）从上古到晚近的历史上纵跨两千年的历朝历代。此外他提到自己的收藏品出处之广时用了"四海"（Four Seas）和"九州"（Nine States）——这两个词语源自《尚书》，一部中国最早的政治史，它们在古代中国的概念里指的就是全世界。虽然欧阳修所述指出了其收藏品在时间和地理上来源之广，却未就这些藏品的物理性状提供任何具体的信息。关于他以何种方式聚集起如此大量的收藏品，颇为语焉不详。欧阳修在《集古录目序》中预见到对此的疑问并做了回应，但没有谈到太多细节。

（至于这些藏品的收集）夫力莫如好，好莫如一。

---

① Pomian, *Collectors and Curiosities：Paris and Venice，1500 - 1800*，Elizabeth Wiles-Portier trans.，Cambridge，UK：Polity Press，1990，pp. 1 - 6.

② 欧阳修：《集古录目序》，李逸安点校《欧阳修全集》第 2 册，第 600 页。这段话出自欧阳修为其收藏目录所写的序言。该目录包含每件收藏品的基本信息，最初由欧阳修本人编纂，最终由其子欧阳棐（1047—1113）完成于 1069 年。

予性颛而嗜古，凡世人之所贪者，皆无欲于其间，故
得一其所好于斯。好之已笃，则力虽未足，犹能
致之。①

　　欧阳修以何种方式收集藏品？破解此疑问对于我们试图
理解欧阳修的收藏是必需的，此番探寻旨在理解其意识形态
基础，了解"古"在最具体和物质的意义上对于宋朝尚古学
者意味着什么。这些疑问也有助于搞清楚欧阳修等宋朝尚古
学者痴迷于古器物的收藏和研究活动、以之为风雅习俗的模
式。同样地，对于宋朝尚古学者的一般做法提出类似的问
题，也有助于我们理解宋人研究古物的性质和范围，以及
"收藏家冲动"如何通过物质文化表达出来。② 理解欧阳修
收藏的材料和做法，能帮助我们在更广的层面去揭示宋朝普
遍的尚古风气。
　　尽管欧阳修的收藏遗失殆尽，但仍可通过文献资料研究
它们。我们所知的关于这一收藏的信息大多来自《集古录跋
尾》——欧阳修逐件考释其藏品的选集。由收藏家本人撰述
的这些考释最初是题写于每件藏品之后作为跋尾的，在欧阳
修去世后结集出版，③ 其中 4 篇手写的跋尾尚存（图 1.1）。④
这些考释通常考订该件藏品的历史和作者，表达欧阳修关于

① 欧阳修：《集古录目序》，李逸安点校《欧阳修全集》第 2 册，第
600 页。
② Daniel Woolf（"Dawn of the Artifact: The Antiquarian Impulse in England,
1500 – 1730," *Studies in Medievalism*, Vol. 4, 1992, pp. 5 – 35）用"收
藏家冲动"一词来描述他研究的 17—18 世纪英国博古学家对待古物的
各种态度。
③ 这部选集由 400 多篇跋尾组成，最早出版于欧阳修去世的 1072 年，之
后又进一步扩充作为《欧阳文忠公集》的一部分于 1196 年再版。顾永
新：《欧阳修学术研究》，人民文学出版社，2003，第 287—289 页。
④ 欧阳修手写跋尾中有 4 篇留存于世，藏于台北"故宫博物院"。台北
"故宫博物院"：《千禧年宋代文物大展》，第 91 页。

古代和美学的看法。① 一些内文出自研究相似类型器物的其他收藏家之手，如赵明诚《金石录》的有关某些藏品的信息在欧阳修的跋中也有提及；其他图录的内容，如吕大临的《考古图》保存了数种古青铜器图像，也包括在欧阳修的录目里。② 线描摹画并以雕版印刷重现的这些形象，为了解这些器物的样貌提供了视觉依据。另一个例子是，洪适（1117—1184）的《隶续》幸存的章节中保存了一些汉代石碑上的雕饰图案，这些石碑在欧阳修的题跋中也有讨论。

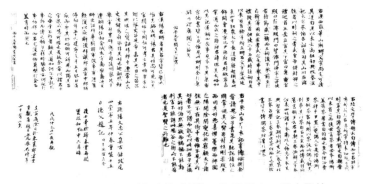

图 1.1　欧阳修：《集古录跋尾》，约 1064 年。纸本墨帖
27.2 厘米 ×171.2 厘米，台北"故宫博物院"

尽管宋朝有卷帙浩繁的古物研究著作的编撰，但想要通过文献资料研究宋朝的尚古活动仍是复杂的，一大难题是这些著述多半没有保存下来。考诸人物传记，可知宋人关于古物收藏研究的篇目至少有 117 种之多，但仅有 28 种

---

① 艾朗诺《美的焦虑》（*The Problem of Beauty*：*Aesthetic Thought and Pursuits in Northern Song Dynasty China*，pp. 23 - 58）中"对古'迹'的再思考：欧阳修论石刻"一章分析了这些评论并指出欧阳修相信其藏品里蕴含着历史意义、道德价值和美学标准。

② 依据吕大临和他的同僚秦观（1049—1100）诗歌中的细节及颂文，李如冰考证吕大临当生于 1040 年，比他哥哥吕大防小 14 岁，活过了1093 年春天。《吕大临生卒年及有关问题考辨》，《宝鸡文理学院学报》（社会科学版）2009 年第 6 期，第 28—30、36 页。

存世。① 除了很少几个例外，这些流传的文字都存在于后世编辑的版本里，晚于它们最初出版年代几百年。② 这种困难状况因 18—19 世纪中国学者在版本学领域的新进展而有所改变。学者们致力于恢复宋朝的古物收藏研究著述，试图通过爬梳宋朝以后的文献、寻找散佚的文本碎片复原它们，并通过校勘各种现存的版本鉴定它们的内容。19—20 世纪的藏书家缪荃孙（1844—1919）通过梳理钩沉大量 13 世纪以前出版的文献中幸存的引文及资料，恢复了超过三分之二的《集古录目》，即欧阳修的古物藏品目录，它是由其子欧阳棐编辑的。③ 这份整理和恢复的编目为我们了解欧阳修的收藏提供了至关重要的信息。由于资料有限，利用欧阳修自己著述之外的一切有关此收藏的可用文献也很重要，包括这一收藏的目录单、他人关于这位收藏家的论文或逸事笔记、欧阳修谈及他的藏品和收集经过的书信、同时期或宋朝之后含有关于欧阳修收藏和宋朝收藏信息的文献、其他存世的或后代恢复的有关宋朝古物收藏研究的文献等。

欧阳修和古文运动

在他众多的成就中，欧阳修最受称道的是他对于宋朝的历史学、政论、文学和新儒家思想发展所产生的影响。④ 欧

---

① 尚古学者主题更多的宋朝著述，参看容媛《金石书录目》。关于这方面的佚书，参看杨殿珣、容庚《宋代金石佚书目》。

② 关于可查阅的尚古学者著述的书目，参看陈俊成《宋代金石学著述考》。

③ 缪荃孙辑纂，欧阳棐：《集古录目》。稍早于缪荃孙的同时代人黄本骥（1781—1856）也尝试从更早的资料中钩沉辑录现存的条目重构《集古录目》（三长物斋本，1835）。

④ 欧阳修在宋朝文化和知识史上所起的诸多作用，参见刘子健，*Ou-yang Hsiu*：*An Eleventh-Century Neo-Confucianist*，pp. 1 – 4。

阳修出身贫寒，幼小失怙，没有受过正规教育。[①] 但他在文学方面的天赋和兴趣很早就显露了出来。一则记载于正史中的有关他童年的故事，预示了他将成为 11 世纪中叶文学运动的领袖。由于家贫，童年时的欧阳修没什么书，只好从富裕的邻居家借书阅读。一次，他在邻居家找到了一部韩愈（768—824）未完成的著作。[②] 韩愈是唐代古文运动（literary revolutionary）的领袖，当时作者们惯以辞藻华丽夸饰的文风写作，而他倡导质朴平易的散文。他痛斥同时代流行的矫揉造作的骈文，主张学习 3 世纪或更早的明白易懂的古风散文。[③]

由于韩愈平实的散文与中国上古时期的著作在风格上的亲缘关系，他和他的追随者的写作被称为"古文"。韩愈不仅倡导古文革新文风，更号召回归"原道"（original way），而这个"道"就保存在古代的文章，尤其是儒家的经书里。他提出文以载道，即传递古代的理想和孔子的教诲。因此，从事古文写作，不仅要学古文的形式，更要正确地理解古文，以古文传达的道德价值指导行动。在韩愈看来，时人写文章的弊病是重形式虚文，这使得写作者从追求涵养道德正气转为雕琢文字。韩愈的古文运动带有浓厚的道德意味，这是长达 8 年的安禄山叛乱的结果。这场动乱使中国陷入藩镇割据和宦官干政的乱局之中，韩愈试图通过倡导古文文风恢复古代中国的理想，代表了中国知识精英从古代榜样中寻找解决当代问题办法的普遍理念。正史欧阳修传关于他早年接触韩愈古文的这段记述，间接

---

① 欧阳修 4 岁时，其父欧阳观去世。由于付不起学费，其母担负起他的早期教育。欧阳发：《先公事迹》，李逸安点校《欧阳修全集》第 6 册，第 2626—2641 页。

② 《宋史》卷 319《欧阳修传》："修游随，得唐韩愈遗稿于废书簏中，读而心慕焉。"——译者注

③ Bol（包弼德），"*This Culture of Ours*"：*Intellectual Transitions in T'ang and Sung China*，pp. 108 – 147。

表明他作为韩愈后继者，在宋朝的古文运动中继承和承担道德责任，这一使命自 8 世纪晚期以后就被一些文人士大夫视为己任。

多年以后的 1057 年，欧阳修受命主持殿试①，来自全国的士子参加经学和文学能力的最高一级考试。② 这一任命确认了欧阳修为他那个时代的文坛领袖地位。这一事件也左右了未来政坛的走向，以欧阳修的标准选拔出来的进士，构成了文官集团的精英核心。欧阳修宣称考试不考士人写华而不实的骈文的能力，要求他们以古文风格的散文写出自己的思想，以及论述如何将经学应用于时下的社会问题。③ 欧阳修和韩愈怀有同样的想法，希望从古代榜样那里寻求解决现实问题的方法。欧阳修有一本自小就带在身边的韩愈著作，他在此书后面题写了一篇文章，谈到了韩愈对他的影响，鼓励所有的文人士子要努力精进以期达到韩愈的水准。④ 在欧阳修的时代，把经学和古代楷模作为权威资源用来解决当世问题，这一信仰已经牢牢植根于中国文人的头脑里。尽管在 11 世纪后期，宋朝廷分成水火不容的改革、保守两大派，但不管士大夫们关于社会经济问题的观点有多么对立，他们都从同样的经书里引经据典，都诉诸相同的古代权威来支持自己的立场和观点，都批评对手没有正确理解古代。⑤

如果我们将韩愈复兴古文的使命感归因于恢复社会秩序

---

① 查《宋史》本传，欧阳修"知嘉祐二年贡举"，即负责的是礼部试而非皇帝亲自面试的殿试。——译者注

② 刘子健（Liu, James T. C.），*Ou-yang Hsiu: An Eleventh-Century Neo-Confucianist*, p. 70。

③ Bol（包弼德），*"This Culture of Ours": Intellectual Transitions in T'ang and Sung China*, pp. 176–210。

④ 欧阳修：《记旧本韩文后》，李逸安点校《欧阳修全集》第 3 册，第 1056—1057 页。

⑤ Bol（包弼德），*"This Culture of Ours": Intellectual Transitions in T'ang and Sung China*, pp. 212–253。

以及受胡人叛乱威胁而日渐式微的中国传统文化自信的愿望，那么，又是什么社会和历史条件促使欧阳修发动一场同样的宋朝版运动呢？宋朝初创时承继的是一个军事上的烂摊子，东北有契丹、女真，西北有党项、蒙古相继崛起，中原由于内战和分裂而十分羸弱。宋初数十年间，中原地区处于不友好的北方强邻持续的威胁下。不过，由于1004年宋辽之间签订了一个和约，这一威胁在11世纪大大地减弱了。① 此和约维系了一百多年，让中原社会得以兴旺昌盛。与韩愈不同，欧阳修终其一生都生活在相对和平的繁荣时期，除了眼前的宋朝地缘政治现状，还有什么使欧阳修对古代如此痴迷呢？

全面了解作为欧阳修复兴古文背景的宋朝社会历史因素需要详尽的研究，而这大大超出了本书的范围。不过，我们从欧阳修写给他一生的朋友、对古代书法同样痴迷的蔡襄（1012—1067）的一封信中可以窥见他所向往的古代。② 这封写于1062年至1063年的信间接提到了欧阳修集古收藏起步时的情形。

> 向在河朔，不能自闲，尝集录前世金石之遗文，自三代③以来古文奇字，莫不皆有。……盖自庆历乙酉，逮嘉祐壬寅，十有八年，而得千卷。④

---

① 陶晋生：《宋辽关系史研究》，台北：联经事业出版公司，1983，第15—42页。

② 据载欧阳修和蔡襄联络频繁，二人想必经常一起观赏藏品。《集古录跋尾》卷1、3、5。

③ "三代"一词专指中国传统史书记载中最早的三个朝代，即夏、商和西周，时间大约是从史前史后期至公元前8世纪。尽管夏代的存在尚未得到考古证据证实，但这三个朝代常被用来统指中国的上古时期。

④ 欧阳修：《与蔡君谟求书集古录目序书》，李逸安点校《欧阳修全集》第3册，第1022—1023页。在此信中欧阳修请蔡襄为自己所撰《集古录》写序。蔡襄没有接受这一请求，并在回信中解释了原因。蔡襄：《蔡忠惠公文集》卷24。

1045 年是欧阳修政治生涯中关键的一年。当他从河朔回来后，被政敌指控在家中行为不端。[1] 审案期间，他被关进狱中，他的私生活在朝堂上被公开议论。经过三司联审，每一次都由不同的主审官审理，三位主审官都不能明确定谳，汹汹的迫害才有所消退。尽管针对欧阳修的这些指控背后隐藏的政治动机就连很器重他的皇帝也心知肚明，但他还是以违反税法的轻罪被贬黜到滁州任知州，那里是长江下游一个遍布丘陵的农村地区（在今安徽）。之后，又被调往更偏远的地方任职。[2]

这次贬黜持续了近十年，直至 1054 年欧阳修才奉调回到京城，这段时间也是他的学问成果最丰硕的时期。任职的那些偏远之地的乡野环境为欧阳修提供了一个庇护所，使他能够避开朝廷中的政争。他的很多重要著作，如著名的《醉翁亭记》，创新性地以古文言志，以及前文提及的《新五代史》，都写于这一政治放逐时期。还有他的另一部重要作品《诗本义》也成型于此时，这是一部研究中国最早的诗歌总集、成书于公元前 1000 年至前 600 年的《诗经》的著作。[3] 在这部论著中，欧阳修痛斥那些从公元前 2 世纪以来通过连篇累牍的注疏流传下来的《诗经》正统释义。欧阳修不依赖那些注疏，主张直接阅读《诗经》的原文，从诗歌本身寻求可靠的、中肯的解读。[4] 尽管《诗本

---

① 刘子健，*Ou-yang Hsiu: An Eleventh-Century Neo-Confucianist*, pp. 65 – 68。

② 欧阳修于 1048 年被贬谪扬州（在今江苏），又于 1049 年被贬谪颍州（在今安徽）。严杰：《欧阳修年谱》，南京出版社，1993，第 151—157 页。

③ 文献史料显示欧阳修在 1045 年之前就开始为研究收集资料，这项研究工作持续了整个 11 世纪 50 年代。华孳亨的《增订欧阳文忠公年谱》称这本评论集成于 1059 年。

④ 裴普贤：《欧阳修诗本义研究》，台北：东大图书公司，1981，第 99—102 页；陈云倩，"Ouyang Xiu's Conceptual Collection of Antiquity," p. 215。

义》的写作持续了十年，但欧阳修写作这部书的主旨自始至终都很明确：保护这些古代诗歌的原始性以便"惟学古人"。正是在这样的语境和类似的反思心绪中，欧阳修开始了他的古物收集。

收集古碑铭拓本

欧阳修获得的第一件收藏品既具文物价值又有情感价值，是他童年时期就接触过的一件作品。许多年后的 1063 年，回忆起与它刻骨铭心的重逢，他写道：

> 右《孔子庙堂碑》，虞世南撰并书。余为童儿时，尝得此碑以学书，当时刻画完好。后二十余年复得斯本，则残缺如此。因感夫物之终散，虽金石之坚不能以自久，于是始欲集录前世之遗文而藏之。殆今盖十有八年，而得千卷，可谓富哉！嘉祐八年九月二十九日书。①

欧阳修谈到的这通石碑，即闻名于世的《孔子庙堂碑》，有着一段漫长而曲折的历史。原碑由唐朝的第二位皇帝太宗（627—649 年在位）于 627 年冬下旨修建。太宗辅佐其父亲、唐朝的建立者唐高祖（618—626 年在位）击败其他竞逐的军事势力，拯救尚处于初创危弱中的帝国，出力甚大。然而，太宗却没被高祖选为嗣子，或许是因为太宗不是长子而是次子。中国在商朝晚期就确立了嫡长子继承作为政治承袭的理想制度。因此，唐高祖在新朝肇始之时，想通过实施嫡长子继承制立下合乎礼制的先例，遂

---

① 欧阳修：《唐孔子庙堂碑》，《集古录跋尾》卷 5。

选择其长子建成为嗣子。①

太子疑忌太宗卓越的表现并感到了威胁，图谋把他置于自己的掌控之下。兄弟之间的敌意与时俱增，终于导致了626年可怖的皇室喋血政变。太宗最后杀死了建成及弟弟，为了避免被复仇，还诛杀了他们所有的男性后裔。两个月后，老皇帝高祖退位，承认了太宗继承大位。② 这场不光彩的皇室屠戮给太宗的统治蒙上了浓重的阴影，不过，在中国传统史书中，他仍作为一位贤能明君广受赞扬。

太宗急切地想要借助古代权威宣示其合法性，即位不久就下诏在长安城（今陕西西安）重建孔子庙。该庙落成后，立了一座刻有长篇文字的纪念碑。碑文由深受尊崇的士大夫和书法家虞世南（558—638）撰写并题书，称颂孔子和他的圣教启迪了当今皇帝的美德。然而，石碑没过多久就毁于一场大火。唯有碑文的图像存留在石碑被毁前拓墨的十余本拓片中。③ 在另一场皇室暴力政变后，女皇武则天（624—705）成功地成为中国历史上第一位称帝的女性，703年，她敕令依据大火前留下的拓本重刻这通太宗时的石碑。④ 她

---

① 据史卉《简析中国古代的皇位嫡长子继承制》分析，自春秋时期以后，长嗣继承制就被确认为政权承继的正统制度，因其与儒家家族等级伦理是一致的，该制度遂为后世统治者如唐高祖视作理想的规则而奉行。然而它又经常是无效的，因为它没有考虑主观因素，如在位皇帝的偏爱或候选人的实力。Andrew Eisenberg 认为唐高祖有意纵容他的儿子们竞争，容许几兄弟按照他控制的走向进行争斗。*Kingship in Early Medieval China*, Leiden: Brill, 2008, pp. 169 – 172.

② "Sui and T'ang China 589 – 906," *Cambridge History of China*, Vol. 3, part I, Twitchett（崔瑞德）and Fairbank（费正清）eds., Cambridge: Cambridge University Press, 1978, pp. 182 – 187.

③ 关于此碑的敕造和再造，参见张彦生《善本碑帖录》，中华书局，1984，第95—96页。

④ 在中国，依据旧碑铭文拓片再造新碑是惯行的通例。先把拓片上的书法图像拓转到事先备好的石碑上，再由工匠依照转拓在石头上的笔触雕刻。新的石碑被称为"翻刻"。

给这通重刻碑起了一个新名《大周孔子庙堂碑》，并命太子李旦（662—716）书写碑额。武则天将新朝改号为"大周"，暗指古周朝（公元前 11 世纪—前 221），意欲从上古获取权威，把君权从唐皇室一系转到自己身上。这重刻的第二通石碑可能直到 10 世纪初还立着，但历经多次暴乱和劫掠已严重损坏，如写于 866 年的一则跋尾中提到，至 9 世纪中叶，该碑上所刻的许多文字已难以辨认了。[①]

宋朝初年，第三通石碑依据 703 年所立第二通石碑的拓本刻成。有理由相信此时立于 703 年的碑已经损毁。904 年，唐都城长安在一场兵变中陷落，唐朝廷被迫迁至洛阳。第三通石碑由王彦超（914—986）下令建造，他是一位军事将领，以恪守传统儒学而著称。[②] 王彦超统辖京兆地区，即唐故都及其周边区域，此地自唐朝灭亡以后一直为废墟。刚刚立国的宋朝终于给此地带来了和平，王彦超花费了很大力气恢复长安城。其中一个举措就是于 962 年重建孔子庙，第三次立碑应该就是此次重建的一部分。此次所立之碑一直保存到了现代，很大原因是得益于它被置于碑林博物馆的保护之下，该碑林于 1087 年由当地官府在孔庙的地面上建立。[③] 自 11 世纪以来，碑林博物馆一直发挥着保护和展示的功能。该碑至今仍立在碑林中，如今这里被称为"西安碑林博物馆"（图 1.2）。[④]

可以推测，立于 962 年的这通孔庙碑一直保存完好，直至 1556 年冬发生于西安地区的一场大地震，使它碎成了

---

① 此跋为唐末藏家张威所题，题于武则天碑的拓片上，黄庭坚：《题张福夷家庙堂碑》，《山谷题跋》卷 115。

② 脱脱等：《宋史》卷 255，中华书局，1985。

③ 路远：《西安碑林史》，西安出版社，1998，第 70—101 页。

④ 另一通幸存的翻刻庙堂碑建造于 13 世纪，今存于山东成武县，被称为"东庙堂碑"，在西安的庙堂碑则被称为"西庙堂碑"。参见张彦生《善本碑帖录》，第 95 页。

三截。① 碑文的完好部分明显未受到地震影响仍清晰可辨这
一事实支持了这个推测（图 1.3）。此碑在 10 至 16 世纪仍保
存完好的推论，使欧阳修关于此碑毁损的说法令人不解。为
什么他对一块完好的石碑发出此种悲叹？他所见到的到底是
什么？通常被中国拓帖行家称为"临川本"（the Linchuan
Rubbing Album）的一部拓墨碑帖集，为探究这一问题提供
了一种视角。②

图 1.2　虞世南：《孔子庙堂碑》，962；石碑高
280 厘米。西安：西安碑林博物馆

　　"临川本"结集于 14 世纪中叶或更早，共有 35 页墨帖，
每页有约 60 个汉字（图 1.4）。该本的排版每页都比原碑文
小得多，这是一种叫作"剪装"（cut mounting）的特殊装裱
方法的结果。这种方法是将原始拓片沿着两行之间的行线剪
成条，再将每条修剪成适合册页的长度，然后将拓条按连贯

① 路远：《西安碑林史》，第 187—189 页。
② 此拓本集包含在临川人李宗瀚的收藏中，因此名临川本，后被转卖到
　日本。参看三井文库《听水阁旧藏碑拓名帖撰》。

图 1.3 《孔子庙堂碑》拓片，962 年重刻碑，拓于 1556 年以后，拓
墨纸本，高 195 厘米。北京图书馆（今中国国家图书馆）
金石组编《北京图书馆藏中国历代石刻拓本汇编》
第 11 册，第 7 页

文字依次裱好，覆褙在散册页上，再裱合在一起装折成册
（图 1.5）。① 临川本第一页上很容易分辨的拓条证明了剪装
技术的使用。临川本尤被中国拓帖行家看重，因据说它是幸
存《孔子庙堂碑》的最早拓本，拓印源自武则天诏令建造的

---

① 剪装技术在《装潢志》一书中有描述，该书是出版于 17 世纪的一本关
于装裱技术的手册，周嘉胄撰，参见杜秉庄、杜子熊编著《书画装裱
技艺辑释》，上海书画出版社，1993，第 87 页；亦见 van Gulik（高罗
佩），*Chinese Pictorial Art as Viewed by the Connoisseur*，Rome：Istituto ital-
iano Per il Medio ed Estremo Oriente，1958，pp. 94 – 98。

唐碑。书法和拓帖权威大家翁方纲（1733—1818）在他的一则跋文里指出，临川本中有一些确定为唐拓。[1] 然而，翁也指出该本混合了唐拓和后世拓帖。剪装法可以将不同来源的拓片装裱在同一册本上。对照临川本上状况迥异的两页可看出它们应有不同的来源（图 1.6）。该本的开头一行指明皇太子李旦题写了碑额，损坏较重的那一页可能来自武则天所立的第二通石碑；保存较好的另一页应该来自后世所刻之碑，很可能是宋初建造的第三通石碑。

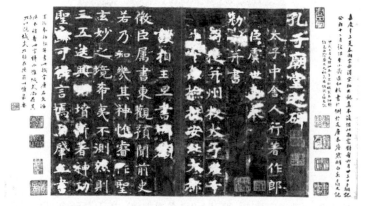

图 1.4　临川本《孔子庙堂碑》拓片，拓于 18 世纪，纸本墨帖。东京：三井纪念美术馆

在一个册页里混合新旧来源的拓片是宋朝的惯常做法。以书法、诗歌和散文著称的宋朝文人学者黄庭坚（1045—1105）就曾见过《孔子庙堂碑》的几种拓本，其中就有用新刻的拓片来替补旧刻拓片中完全损坏的部分。如此混合正如黄庭坚所说系"新旧杂糅"。[2] 黄提到其他几种拓本出自同一碑文，断定它们是旧刻。[3] 这里所谓"旧刻"，指的是

---

① 翁方纲：《元康里氏所藏唐拓庙堂碑》，《苏斋题跋》，西泠印社，1921，第 48 页 a、b。

② 黄庭坚：《题蔡致君家庙堂碑》，《山谷题跋》，第 116 页。

③ 黄庭坚：《题蔡致君家庙堂碑》，《山谷题跋》，第 116 页。

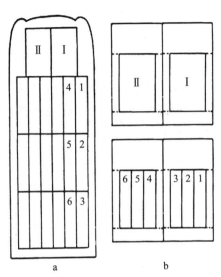

图 1.5　剪装技术。左：整碑的拓片；右：碑额和碑身的文字拓片剪
成数片装裱成书。此图参照高罗佩《书画鉴赏汇编》
(*Chinese Pictorial Art as Viewed by the Connoisseur*,
Rome：Istituto italiano per il Medio ed Estremo
Oriente，1958)

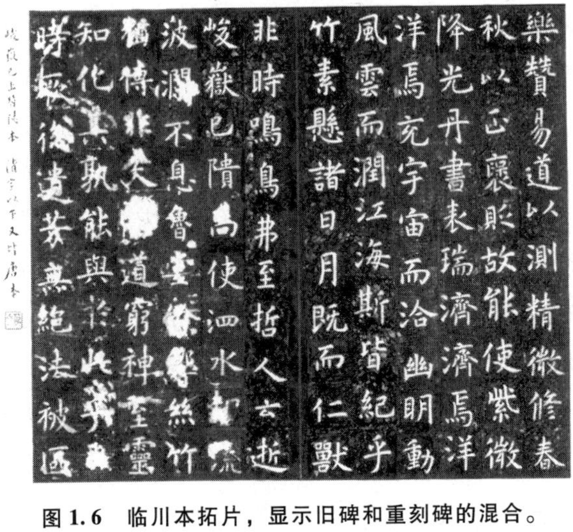

图 1.6　临川本拓片，显示旧碑和重刻碑的混合。
东京：三井纪念美术馆

武则天于 703 年诏令所造唐碑的拓片而非石碑本身。其中一种"旧刻"为荣咨道所藏，此人是 11 世纪晚期在世的官府礼学专家和金石学家。[1] 如黄庭坚所考证，尽管碑额表明荣氏拓本是从武则天所立碑拓印的，拓片外观也是完整的，但碑文中的许多文字已经漫漶。黄考据的另一"旧刻"是蔡襄的收藏。蔡氏拓本也是拓印自武则天之碑，但拓印时间可能晚于荣氏拓本。如黄庭坚所观察，蔡拓甚至比荣拓更模糊难辨，因而可断定它当拓于此碑受损更甚之时。黄庭坚的考证表明，在 11 世纪晚期，仍可见到武则天所立碑的数种拓本。这些拓本，亦即"旧刻"，可以根据其独特的碑额和漫漶的汉字——石碑表面受损的结果加以确认。

11 世纪晚期也能看到王彦超 962 年所立石碑的拓本，黄庭坚称之为"新刻"。这些"新刻"拓片上的汉字是清晰可辨的，与"旧刻"形成鲜明对比。对比新旧刻拓本可知，欧阳修所见碑文严重损毁的《孔子庙堂碑》，实际并非哪一块石碑，而是同一碑文不同"世代"石碑的拓片呈现的样子。欧阳修的收藏中显然没有这三通石碑中的任何一个，因为我们知道由唐太宗和武则天诏令建造的那两通旧唐碑早在宋朝建立之前很久就已毁损，第三通于 962 年立于原址。而且，欧阳修很可能从未访问过京兆府的孔庙，长安远在宋朝疆域的西边，欧阳修的一生是在都城汴京（今河南开封），或被派往都城周边及南方担任各种职务，[2] 因此很可能他本人从未看见过那块幸存的石碑，虽则他声称这是他的第一件收藏。欧阳修哀叹时间的残酷是真实的，尽管他的多愁善感颇具讽刺意味地暴露了他对考据的两件拓本年代顺序和关系的误解。实际上，他年幼时所见的那本拓帖也许是拓自第三通石碑，比

---

[1] 陆心源（1834—1894）：《金石学录补》卷 1。

[2] 胡柯（12 世纪晚期在世）：《庐陵欧阳文忠公年谱》。

他成年后收藏的那本拓帖可能晚了两个世纪，后者极有可能拓自武则天 703 年所立之碑。

若要理解这一特殊状况，我们必须再现欧阳修第一件藏品的物理构成。在上文引用的写给蔡襄的信中，以及欧阳修文集里的《孔子庙堂碑跋尾》中，欧阳修提到他这几件藏品均是卷轴。周必大（1126—1204）是第一部欧阳修作品全集的主编，该书出版于 1196 年，他对这些卷轴有一个详细的描述："《集古录》千卷，每卷碑在前，跋在后，衔幅用公印，其外标以缃纸，束以缥带，题其帙曰每碑卷第几，皆公亲迹，至今犹有存者。"[①]

这一描述与有关欧阳修后人拥有卷轴的其他证据相符。[②] 至于将碑铭拓片合并到卷轴中的版式，欧阳修在他关于这些收藏的序中有简短提及："以谓传写失真，故因其石本，轴而藏之。"[③] 基于这些记述，我们能够大体再现欧阳修第一件藏品的样式（图 1.7）。再现卷轴中的这个拓片可能是"旧刻"，类似于毁损严重的临川本的第一页。跋尾录目中关

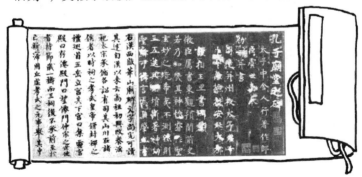

图 1.7　推测重构欧阳修《集古录》中卷轴，由拓片和跋文组成。系作者重构

---

①　周必大：《编者题跋》，欧阳修《集古录跋尾》，1196 年本。

②　曾宏父（卒于 1248 年）：《六一先生集古录》，《石刻铺叙》第 2 部。

③　欧阳修：《集古录目序》。

于该卷轴的原始描述，则与现藏于台北"故宫博物院"的幸存跋尾相符。①

尽管欧阳修的第一件藏品是《孔子庙堂碑》的拓片，而不是实物的石碑，但他在著述中并没有对这两种媒介加以区分，他使用的汉字"碑"既指石碑，也指从碑上拓取的拓片。他对自己所藏物品的物理形态之模糊态度与整个收藏是一致的。由欧阳修最小的儿子欧阳棐于1069年编撰的收藏录目可知，欧阳修的藏品包括商周时期的青铜礼器，秦朝始皇帝下令建造的石刻、明器、墓志，汉朝孔庙和道观中的碑柱、私人书信中的经典书法、官方纪念碑、佛像，魏晋南北朝（220—589）佛画像碑柱和庙碑、宣扬政令的碑柱和公共建筑物的纪念碑、崖刻诗文和游记铭文，隋唐（581—906②）佛塔铭文，以及五代的道家经书等。③

所有这些物品都是以拓片这一媒介来"收藏"的。④ 欧阳修并非不注意拓片和它的源物品在物理性上的重大区别，相反，他敏锐地意识到石碑和它的拓片之间互相依存及传承铭文的紧密关系，就像《孔子庙堂碑》的例子所展现的那样。⑤ 通过收藏拓片，而不是这些物品本身，欧阳修把来自不同地点和不同历史时期的古物收聚在一起，展示在这部录目中。这个收藏超越了地理和时间的界限，通过铭文勾画出一幅可以理解的古代世界的画像。而他若是收藏实物，以其

---

① 《千禧年宋代文物大展》，第91页。

② 应为907年。——译者注

③ 欧阳棐：《集古录目》，此录目在宋朝之后已经散佚，19世纪时根据各处引文重新辑录而成。见缪荃孙《云自在龛丛书》卷4—5。

④ 欧阳修也重视古器实物。刘敞以古器收藏而著名，他记述了与欧阳修的一次宴饮，席间欧阳修拿出其收藏的带有兽头图案和铭文的青铜矛头与宾客一起赏玩。见《和永叔寒夜会饮寄江十》，《公是集》卷12。

⑤ 陈云倩，"Ouyang Xiu's Conceptual Collection of Antiquity," pp. 220 – 221.

困难之大、耗费之巨，肯定是无法实现的。① 借助拓片这一收藏媒介，欧阳修可以舒舒服服地在自己家里欣赏这些藏品，所以他骄傲地称这些收藏是他家中的六宝之一，他可以在兴之所至时"把玩"。②

借助摹本存其真

一通石碑与其拓本难解难分的关系令人想到了原作和它的"复制品"（reproduction）的关系。哲学家瓦尔特·本雅明（Walter Benjamin）曾就复制品缺乏真实性告诫我们："即使一件艺术品最完美的复制品也缺少一样元素：它在时间和空间上的呈现，它恰巧产生于某地的独特存在。这件艺术品的此种独特存在决定了它在整个存在时间中作为主体的历史，包括它历经岁月和辗转于各个拥有者手中可能遭受的物理状况的变化。"③

这一论述的基本假设断言器物具有两种基本特性：一种是该器物有形的物理性，另一种则是关于它存在的特定时空，换言之，即该器物的"生命"。本雅明的论断指出一件复制品获取的只是器物的物理性，即使物理上忠实于原件的摹本也不能取代该器物的生命存在。中国古物收藏中的拓本，如欧阳修所收集的，通常被视为石碑的"复制品"，因它们再现了石碑铭文。职是之故，我们有必要考察一下拓本的性质，即

① 巫鸿（Wu, Hung），"On Rubbings: Their Materiality and Historicity," *Writing and Materiality in China: Essays in Honor of Patrick Hanan*, Judith T. Zeitlin and Lydia H. Liu, eds., Cambridge, MA: Harvard University Asia Center for Harvard-Yenching Institute, 2003, pp. 29 – 72。

② 欧阳修：《六一居士传》，李逸安点校《欧阳修全集》第 2 册，第 634—636 页；《集古录跋尾》卷 10《杂法帖》，李逸安点校《欧阳修全集》第 5 册，第 2316 页。

③ Walter Benjamin, "The Work of Art in the Age of Mechanical Reproduction," in Benjamin, *Illuminations*, Hannah Arendt ed., New York: Shocken, 1968, pp. 218 – 220。

它是如何复制的和复制了什么。一个拓片的制作过程是，将一张很薄的纸捶贴到雕刻的表面上，使纸张与雕刻的每一凹凸部分紧密贴合，随后将墨仔细刷在纸上使表面突出的部分沾染较多墨汁而凹进部分较少沾或不沾墨（图1.8）。雕刻表面凹凸部分的差别（即它的设计图样）就被转换成为墨印图案——凸起部分显出墨色而凹进部分不显或显出很淡的墨色。[1]

图1.8　拓碑过程中的几个步骤：右边是纸张已覆敷在石刻表面但尚未拓墨，左边是一部分已拓墨的，中间是已完成拓墨的。作者摄

---

[1]　赵海明：《碑帖鉴藏》，天津古籍出版社，2010，第172—178页。中国拓片传统上通常采用黑墨，也用红墨，尽管很少见（同上，第103页）。

这个过程指明一个重要事实：一件拓片在物质上是由纸和墨构成的，它复制的只是一件雕刻的表面设计而非其物理形态。一件拓片并不具有与石的、木的或其他任何器物原件相同的物质材料，它也不拥有原件的现状、形式和颜色。换言之，一件拓片并不是复制一个器物，因其并未复制该器物的物理形态，而是将器物的表面设计转换成墨色图案拓印在纸上。在《孔子庙堂碑》的例子中，是该碑的铭文而非其形式特征被拓取并转换成墨印图案。由于其制作过程极其精细，《孔子庙堂碑》拓片记录下来的不仅有想要的碑文，还有寒暑、风化、自然灾害、人为破坏、战争、修缮和改造留下的痕迹。贯穿于此石碑的独特历史中，在它表面留下痕迹的任何事件都会记录在拓本上。与本雅明提出的那个主要难题——复制品缺乏对该器物"生命"的展现相反，拓片能以墨印图案的方式记录石碑的历史。[1] 一件制作精良的拓片甚至能记录自然历史，如化学变化或风化，通常会使石头表面形成不规则的图形；或木制牌匾上的年轮，通常能反映出每年的生长速率和地区降水量；或青铜器上覆盖的绿锈，来自铜合金与空气的交互作用。[2] 拓片不应被视为器物的复制品，虽然它的确是该器物的替代形式。不过它只是记录雕刻表面的选择性元素，不是要在物理上取代该器物。正因如此，一件制作精良的拓片是有意义的，可以通过其表面留下的印痕讲述它的历史。[3]

---

[1] 巫鸿在讨论拓片记录器物历史的重要功能时，将这一功能与石刻及其拓片的时间性联系了起来。见 "On Rubbings: Their Materiality and Historicity," *Writing and Materiality in China: Essays in Honor of Patrick Hanan*, Judith T. Zeitlin and Lydia H. Liu, eds., pp. 52 – 58。

[2] 这种不规则的印痕通常叫作"石化"。由于印痕图都是独一无二的，遂常被用来鉴定一件石刻及其拓片的真伪。仲威：《碑帖鉴定的参照点》，《碑帖鉴定概论》，上海古籍出版社，2014，第54—55页。

[3] 一些拓片只展现器物上它们被拓取的那些部分，其制作只是在器物上选取的部分覆以纸墨拓取，这类拓片的制作大多出于美学和装饰的目的。

在《孔子庙堂碑》的跋尾中，欧阳修深刻地意识到一件石刻年长日久遭受的不可避免的损坏。这种过程使一件石刻成为永远变化着的物体，因而石刻及其拓本之间的关系变得复杂起来。一个显著的例证是崖刻铭文《大唐中兴颂》，该石刻有多种不同版本的拓片（图1.9）。[1] 考虑到该铭文与其拓本的复杂关系，欧阳修在他的跋尾中评论说：

> 右《中兴颂》，世传颜氏书《中兴颂》多矣，然其崖石岁久剥裂，故字多讹缺。近时人家所有，往往为好事者嫌其剥缺，以墨增补之，多失其真。余此本得自故西台李建忠家，盖四十年前旧本也，最为真尔。[2]

尽管欧阳修的收藏是以拓本为媒介（而非直接收藏实物），但他对于转换媒介的选择并非没有条件。对于他来说，一种媒介最重要的标准是它的真（authenticity）。如他所说，一个文人学者应该尽最大努力避免的错误就是失真。这样的情况欧阳修自己就曾遇到过。他把一篇韩愈所写的碑文与他幼年时得到的旧版韩愈集中的同一篇做了比较之后，高兴地发现他拥有的这一版本与韩愈的碑文基本相同，[3] 不像市面上贩售的那些版本大大乖离了碑文。他告诫读者："乃知文

---

① 《大唐中兴颂》是刻于湖南祁阳浯溪崖壁上的一篇铭文，由忠于唐廷的儒将元结（719—772）撰文，儒学书法大家颜真卿书写，刻于771年。碑文为纪念平定安禄山叛乱，也被指暗讽唐肃宗（756—762年在位）篡取皇位。邓小军：《元结撰、颜真卿书〈大唐中兴颂〉考释》，《晋阳学刊》2012年第2期，第125页。

② 欧阳修：《集古录跋尾》卷7，李逸安点校《欧阳修全集》第5册，第2243页。此跋于12世纪时被《欧阳文忠公集》的编者发现，为卷轴的第50卷。欧阳修为此唐代铭文写过另一则跋，内容与此处所引相似但不完全相同。

③ 欧阳修：《唐田弘正家庙碑》，《集古录跋尾》卷8，李逸安点校《欧阳修全集》第5册，第2270—2271页。

字之传，久而转失其真者多矣，则校雠之际，决于取舍，不
可不慎也。"①

图 1.9　《大唐中兴颂》拓片，元结撰文，颜真卿书写，纸本
墨帖，高 3.3 米。北京图书馆（今中国国家
图书馆）金石组编《北京图书馆藏中国历
代石刻拓本汇编》第 27 册，第 104 页

　　中国古文的传写或转写（the transmission of an old Chi-
nese text）通常包括手抄和注释文本。因人为抄写错误或注
解观点迥异之故，就有了各种集注本。学者研究转写文本的
第一步就是校勘出现在各种版本中的注疏集解，试图恢复原
文。然而，在校勘过程中，更多的主观看法和无心的错误又
被掺杂进来，使校勘的文本甚至更进一步偏离其原作。欧阳

---

① 欧阳修：《唐田弘正家庙碑》，《集古录跋尾》卷 8，李逸安点校《欧阳
修全集》第 5 册，第 2270—2271 页。

修告诫读者要避免这一点，唯恐乖离原作——古代作者的某部作品、某本儒家经典的释义，甚或某种古文的写作风格——这种忧虑几乎见于他所有的学问研究中。

在欧阳修看来，拓本成为收藏铭文理想媒介的主要原因并非它们的便携性和物理便利性，而是它们能够保存"真"。[①] 一件拓本通过紧贴到器物表面拓印下来，因而能忠实反映它所拓的雕刻面相。[②] 欧阳修注意到拓本能保存未来可能消失的器物的面貌。在武则天的《孔子庙堂碑》这一例子中，其拓本被认定为"旧刻"，保存了该石碑的样貌，即使该碑早已不存在了。谈到拓本的时间性，学者巫鸿指出它"证明了石碑历史上的一个瞬间——一种永远不能再现的该碑的特定状态"。[③] 就像照片保存了一个人较年轻时的形象那样，拓片包含着器物较早时期的印记，因而比现存器物保留了更多的原始样貌。[④] 随着时间的推移，该器物不可避免地走向衰败，遭受损坏、改变或重造；而拓本取自该器物生命中的某一特定时刻，保存了该器物不再拥有的相貌。因此，一件拓片能比器物本身告诉我们更多关于该器物曾经是什么样的信息。换言之，拓本总是更忠实于器物的原始状态——也就是说，比器物本身当前的状态更"真"。

---

① 欧阳修：《集古录目序》，李逸安点校《欧阳修全集》第 2 册，第 599—600 页。

② 忠实的程度也要看拓纸覆于石刻表面的技艺。关于拓印技术的详细描述，参看马子云《金石传拓技法》，人民美术出版社，1988，第 86—93 页；亦见 van Gulik（高罗佩），*Chinese Pictorial Art as Viewed by the Connoisseur*, pp. 86 - 93。

③ 巫鸿，"On Rubbings: Their Materiality and Historicity," *Writing and Materiality in China: Essays in Honor of Patrick Hanan*, Judith T. Zeitlin and Lydia H. Liu, eds., pp. 40 - 41。

④ 巫鸿，"On Rubbings: Their Materiality and Historicity," *Writing and Materiality in China: Essays in Honor of Patrick Hanan*, Judith T. Zeitlin and Lydia H. Liu, eds., pp. 29 - 30。

比较的方法也可应用于不同时期拓取的拓本。拓自某器物的拓本，在其历史上较早拓的就比较晚拓的更具原真性。在欧阳修看来，其拓于 40 年前的《大唐中兴颂》摩崖石刻拓本就比晚近拓的要好，因为前者保留着该铭文较早时的样貌（因此比晚近的拓本更真）。较为晚近的拓本上多有修补、改动，必然会有舛误，因而更加乖离原作。欧阳修认为，这一摩崖石刻的老拓本比崖刻本身更真。在为此崖刻铭文撰写的另一版本的跋尾中，欧阳修提到，宋朝曾十分流行将此铭文用于家居装饰中，富人家多定制该铭文的黄绢拓片，将其做成屏风。①

自唐朝以后，这类屏风的流行已是一种广为人知的更大潮流的一部分，即把书法作品制作成"书屏"（calligraphy screens），以供古雅的鉴赏和家居装饰。宋朝书屏的普遍使用从河南（禹县）白沙镇发现的 1099 年至 12 世纪初家族墓地中的一幅壁画上得到确证（图 1.10）。② 这一铭文的流行加剧了对崖壁表面的破坏，皆因拓取拓片时过度捶击和经常性润湿石壁。欧阳修拥有的"旧刻"是在使该铭文招致不幸的流行之前拓取的，保存有该摩崖石刻再也见不到的细节。因此欧阳修十分珍爱它，称之为"崖石真本"。③

① 欧阳修：《大唐中兴颂》，《集古录跋尾》卷7，李逸安点校《欧阳修全集》第 5 册，第 2243 页。
② 宿白：《白沙宋墓》，文物出版社，1957，插图 5、9。巫鸿讨论了"书屏"的流行，认为它们多见于 11 至 14 世纪的绘画中。他指出画家并不关心屏风画中的文字内容，因为他们的目的"仅仅是在屏风上描绘出带有著名书家的书法风格的'图样'"。欧阳修的跋尾认为《大唐中兴颂》书屏的拥有者费了很大劲儿恢复铭文中已损坏的文字。这篇碑文除了书法深受喜爱外，身为朝廷高官的元结所撰的文字也被当作散文典范加以欣赏。
③ 欧阳修：《大唐中兴颂》，《集古录跋尾》卷7，李逸安点校《欧阳修全集》第 5 册，第 2243 页。

图 1.10　河南白沙宋朝墓壁画，展现了不同风格的书法屏风，时间为
1099 年至 12 世纪早期。宿白：《白沙宋墓》，插图 5、9

另类的原作

　　如果我们同意拓本的"真"依据的是它与原作的关系，
那么，当原作存在疑问时，又怎么能确定"真"呢？当欧阳
修认为一件拓本比它的来源更真时，"原作"对他来说意味
着什么？由于"真"这一概念在宋朝尚古学者那里经常被应
用于历史研究中，为了回答这些问题，我们有必要考察欧阳
修关于古代铭文和历史研究二者关系的看法。在许多场合
中，他都强调古代铭文的至关重要的作用在于提供了历史文
献所缺失的信息。欧阳修也强调一个重要的事实，即古代铭

文不像历史文献那样在流传过程中出现文本的讹误和窜改。他力主古代铭文有极其重要的史料价值，因为它们能补充历史文献并校正传写过程中产生的舛误。[1] 他在《大代修华岳庙碑跋尾》中清楚地表述了对古代铭文之"真"的信心："碑石当时所刻，不应妄，但史失其实尔。"[2]

在欧阳修看来，铭文为当时当地所造的事实，使其比后世所撰写的历史文献更有价值。换言之，与历史事件的同时性赋予了铭文真实可靠性，因为其保存了直接源头——历史事件本身的信息。尽管欧阳修认为铭文具有历史真实性，但指的是铭文所表述的历史事件，而非铭文的物理表象，由此可见他所谓的历史真实性的最终源头。将一件器物的历史意义与它的物理表象区分开，使欧阳修可以把一件制作精良的早期拓片优先于已经严重磨损的晚期石碑；当存在其他有竞争力的选项时，也使他可以挑战只有一件古物孤证的历史真实性。

有一件古青铜器引起了欧阳修的注意，他称之为"韩城鼎"（图 1.11）。[3] 根据它的形制和装饰，这个鼎被断代为东周（公元前 770—前 256）的春秋时期（公元前 8 世纪初—前 5 世纪初）。中国的青铜礼器——一种独特的宗教性物品，早在公元前 13 世纪就被用于祭祀祖先。在春秋时期，青铜器又附加了一种仪礼意义：刻载颂扬历史人物和事件的铭文。典型的铭文是一篇包含历史叙述和列明仪式祝祷者的高度仪式化的文字，铭刻在青铜器的内壁，用于政治和宗教的目的。据铭文所示，韩

---

[1] Egan（艾朗诺），"Ou-yang Hsiu and Su Shih on Calligraphy," *Harvard Journal of Asiatic Studies*，Vol. 49，No. 2，December 1989，p. 367。

[2] 欧阳修：《大代修华岳庙碑跋尾》，《集古录跋尾》卷 4，李逸安点校《欧阳修全集》第 5 册，第 2170—2171 页。此处提及的历史事件因在北魏道武帝（386—409 年在位）时期的 398 年仍出现"代"这个国号而有争议。

[3] 这件青铜器在其他尚古学者的著述中被称作"晋姜鼎"，发现于韩城（在今陕西）；欧阳修的《集古录跋尾》则名为"韩城鼎"。见《集古录跋尾》卷 1，李逸安点校《欧阳修全集》第 5 册，第 2066—2069 页。

城鼎是由晋国当权家族中的一位姜夫人授命制造的，用以庆祝特定的国家大事。①

**图 1.11　韩城鼎（晋姜鼎）。吕大临：《考古图》卷 1，
亦政堂本，1752**

与石碑文相较，韩城鼎铭文从一些技术层面来讲是独特的。首先，铭文保存得非常好。这件青铜器在地下埋了近1800 年，被重新发现后不久，欧阳修就收到了它的铭文。虽然它在出土前有一段漫长而遥远的历史，但它不像孔子庙堂

① 在中国上古历史中，至少有 4 位人物被现代学者考证为晋姜夫人：晋文侯（公元前 781—前 746 年在位）之母或妻，晋文公（公元前 636—前 628 年在位）之妻或儿媳。李学勤：《东周与秦代文明》，文物出版社，1991，第 33—34 页；Shim, "The Early Development of the State of Jin: From Its Enfeoffment to the Hegemony of Wen Gong (r. 636 - 628 BC)," Ph. D. dissertation, University of Chicago, 1998, pp. 160 - 169; Shirakawa Shizuka（白川静）：《金文通释》第 6 册，神户：白鹤美术馆，1962—1984，第 83—97 页；孙庆伟：《晋侯墓地 M63 墓主再探》，《中原文物》2006 年第 3 期，第 60—67 页；中国社会科学院考古研究所编《殷周金文集成释文》第 2 卷，香港：香港中文大学出版社，2001，第 392 页。

碑那样有着那么曲折的流传史，也不像《大唐中兴颂》（崖
刻）那样遭受密集的公众损坏。韩城鼎铭文也有难以理解的
问题，这些问题并非简单地由碑文受损引起，而是因其文本
的内在特点。虽然不需要考证不同拓本以获得对文本内容的
可靠解读，但铭文是由一种古代语言写就的，对于宋朝读者
来说，其语言的各个方面，特别是字的写法、词汇和句法都
是生僻而难以理解的。欧阳修面对的挑战是如何分析这篇原
真而又无法理解的铭文。

1062 年夏，欧阳修从杰出的尚古学者、古礼学者刘敞那
里得到了一件韩城鼎的拓片。[①] 刘敞以收藏青铜礼器而著称，
他在永兴军路（the Military Circuit of Yongxing，在今陕西）
安抚使任上获得此鼎。该辖区兼跨渭河两岸，覆盖了周、秦
和西汉（公元前 206—8）时期几个古都所在地。刘敞负责
军队调动和军需供给的主官身份，使其能走遍此地，从出土
地点直接获得古物。他关于古青铜礼器的研究著作《先秦古
器图》完成于 1063 年，记录了他收藏的 11 件青铜器，其中
就有韩城鼎，书中有此鼎的线描图以及关于它各个方面的研
究论文。[②]

不可思议的是，1059 年，相同的铭文还有一个副本，但
其显然来自另一件青铜器。副本的形式是石刻拓片，基于也
是在韩城发现的一件青铜器内的铭文翻刻而成。欧阳修请宋
朝知国子监书学杨南仲（11 世纪中晚叶在世）破译这一铭

---

① 蔡绦：《铁围山丛谈》，第 79 页；欧阳修：《与刘侍读〈原父〉二十七
通》之二十五，李逸安点校《欧阳修全集》第 6 册，第 2428 页。

② 刘敞：《先秦古器图》，见《公是集》卷 36；杨殿珣、容庚：《宋代金
石佚书目》，《考古学社社刊》第 4 期，1936 年，第 204—228 页。刘
敞这本图录是最早的关于中国古青铜器私人收藏的研究，它实际上是
一本拓片集——11 件青铜器的图像和铭文翻刻在石板上，再拓印发
行。此图录很可能在宋朝古物收藏研究者中流通，激发了他们对古青
铜器的兴趣。本书第三章讨论了刘敞的著作在宋朝尚古运动发展中的
重要作用。

文。杨南仲是宋仁宗朝古董收藏目录的主要编撰者，并负责誊录青铜器铭文，将其从古篆文转为当时的楷书。① 到 11 世纪，商周青铜器已经十分罕见以至于几乎没人能读懂它们，甚至像欧阳修这样博览群书的饱学之士也做不到毫无困难地通读铭文。欧阳修坦言每当得到一件古青铜器铭文时，他就会急忙请教杨南仲。② 得到刘敞的铭文后，欧阳修回信道："篆画当徐访博识寻绎。"③ 欧阳修当是去寻求了杨南仲的帮助，这位书法教授的回信中不仅有该青铜器铭文的今文转录，还附有一篇材料翔实的关于语言学的文论。④

在收到杨南仲回信几天后，欧阳修又喜出望外地得到刘敞的另一封信，内有韩城鼎铭文的今文转录。⑤ 然而，他遇到了一个难题：刘敞解读的铭文与杨南仲解读的不同。刘敞的转录文中有许多空白字，表示他未能读解那些字符。

> 惟王九月乙亥晋姜曰余惟司朕先姑君晋邦余不□安
> 宁坙䧹明德宣□我猷用□所辞辟□□□□剿虔不
> □□□□日宠我万民嘉遣我□邕费千两㝅灋文侯□□
> □□□□维绥□□坚□□吉金用作宝尊鼎用康䬐妥怀远

---

① 宋仁宗敕令编纂《皇祐三馆古器图》，包括在此次皇家编纂中的 11 件古器就存放于宫廷的经史研究机构崇文院中。本书第三章讨论了此次皇家编纂在宋朝尚古运动中所起的重要作用。

② 欧阳修：《古器铭二》，《集古录跋尾》卷1，李逸安点校《欧阳修全集》第 5 册，第 2072 页。

③ 欧阳修：《与刘侍读〈原父〉二十七通》之二十五，李逸安点校《欧阳修全集》第 6 册，第 2428 页。

④ 然而，即使是杨南仲这样的专家，铭文上的字词仍有太难不能解读的。欧阳修：《韩城鼎铭》，《集古录跋尾》，李逸安点校《欧阳修全集》第 5 册，第 2067—2069 页。

⑤ 欧阳修：《与刘侍读〈原父〉二十七通》之二十六，李逸安点校《欧阳修全集》第 6 册，第 2429 页。

邦君子晋姜用蕲□□麇寿作惠□巫万年无疆用享用德畯
保其孙子三寿是利①

　　（译文：）王九月乙亥日，晋姜（夫人）说：在统理
我先翁姑之晋国时，我不能……和平与安宁，秩序与和
谐，明德和宣威……我成功地采用了……令加强秩
序……，怀柔叛逆，和不……我以之抚育万民。我一片至
诚奉上……千两②香醇佳酿。我不配追随文侯的榜样……
愿您赐给我们和平……坚韧……以吉金造此宝贵而光荣
之鼎，用以……安抚怀柔远方邦国之君。晋姜（夫人）
祈祷……永施恩惠……延万年无疆。愿以牺牲和美德供
奉您，愿您保佑子孙三寿洪福。③

　　杨南仲的解读也是不完全的，但他在转录文中没留任何
空白，而是把解读不出来的字符抄录成由一些今文部首构成
的字符。他尽可能对这些字符给出假设的解读。

　　佳（惟）王九月乙亥晋姜曰余佳（惟）司（嗣）
肸（朕）先姑君晋邦余不夒（叙）妄宁坙（經）虇
（難）明德宣鄪（疑鄢，省隶作卿）我猷用宖辪辟妁
（疑母字）鸄久炂剿虐不象（疑遂字，读为坠）譖

---

　　① 欧阳修：《集古录跋尾》卷1，李逸安点校《欧阳修全集》第5册，第
　　　　2067页。
　　② “两”是重量的计量单位，东周时期的1两相当于15.6克。
　　③ 此段是作者对上面铭文的英译转译——译者注。作者试图用英语翻译刘
　　　　敞和杨南仲的转录文是想反映他们解读这一青铜器铭文的艰难。因此作
　　　　者的翻译完全不同于现代学者旨在利用现代的中国古文字知识精确解读
　　　　铭文的翻译。作者翻译的目的是提供一个比较两位尚古学者不同观点的
　　　　基础，以凸显欧阳修所面对的问题。关于此铭文的最新的英文翻译，可
　　　　参看 Shim, "Early Development of the State of Jin: From Its Enfeoffment to
　　　　the Hegemony of Wen Gong (r. 636 – 628 BC)," Ph. D. dissertaion, Uni-
　　　　versity of Chicago, 1998, pp. 163 – 64。

（诸）豐（覃）拿（享）吕（师）臂我万民嘉遣我沪
（疑易字）卤（疑卤胄二字）赍千两勿遷文侯顾令是
（疑卑字）事（疑毋字，读为贯）徧（通）弘征丝（疑
絲字）汤䑗（受）久吉金用止（作）宝䙔（簠）鼎用
康䭫（疑西夏二字）玫（妥，读为绥）襄远凡君子晋
姜用灡（疑斻字，读为祈）粦㝰爨（疑衅字，读为
眉）耆（寿）乢（作）𧾷絮（为）巫（极）万年无疆
用高（享）用德睢（疑允字）保𢍰（其）孙子三耆
是利①

（译文:）王九月乙亥日，晋姜（夫人）祝曰:我
（继承）先翁姑的晋国，不（敢）追逐轻妄安逸。我
（涵育和谐），阐明美德，宣导（怜恤）。我成功施行
（不明意义的字），我下达命令，（母亲般地）（不明意
义的字），坚持地（不明意义的字），勇敢抚平叛乱立
于不败，我给（大军献上充足的香醇美酒）和（不明
意义的字）我的万民带着礼物。我（给你们送上卤肉
一千两）。不要对我们文侯的命令（掉以轻心）。彻底
（进行）这次对（絲〈繁〉汤）的伟大征服。（不明
意义的字）我（得到了）这耐久的吉金，用它来（制
造）这（宝贵）的鼎。我勉力为（西夏）谋福利和
（绥抚）远方（不明意义的字）之君。晋姜（夫人）
以此（仪仗旗帜）（不明意义的复合字）（长久），
使之（不明意义的字）（至极）。万年无疆，用以奉
献牺牲（培育美德）。愿您（允诺）保佑您的子孙三

---

① 欧阳修:《韩城鼎铭》,《集古录跋尾》卷1, 李逸安点校《欧阳修全
集》第5册, 第2067页。这里使用的合体字取自吕大临的《考古
图》卷1, 影印文渊阁《四库全书》第840册, 第99—100页。比较
一下杨南仲与吕大临的转录文, 能清楚地看到吕是在杨的基础上转
录的。

寿洪福。①

　　这两种转录文对铭文记录的这场典礼做出了非常不同的解释。刘敞的转录文指此仪式是庆祝晋姜夫人治理晋国有方。虽然缺了许多字，但还是能从这篇转录文中看到，晋姜夫人通过神灵与先前的国君，可能是她的丈夫或公婆沟通，寻求合法性和强化她虽不合正统却正当的角色，即在动荡的春秋时期身膺强晋的女性统治者。② 刘的解读讲的是晋国国内的政治形势，而杨南仲的录文则提到晋国与南方的繁汤之间一场迫在眉睫的军事冲突。杨的录文表明这场庆典既是祝福出师的宴飨，也是为晋国获取这场战事胜利而举行的誓师仪式。而且，该录文也凸显了姜夫人作为统治者的两个突出特点：她既是担负着打败晋国敌人重任的强有力的军事统帅，也是手段高超的政治领导人，善于与"西夏"和"远方之君"等周边政治势力周旋。③

---

① 这里的英文翻译反映的不仅是杨南仲的转录，还包括他关于此卷轴中这则铭文的古文字研究。杨的解读在括号里的译文中，其解读在现代铭文研究中多被采用。如郭沫若（《两周金文辞大系考释》上册，东京：文求堂，1935，第229—239页）和Jae-Hoon Shim ["The Early Development of the State of Jin: From Its Enfeoffment to the Hegemong of Wen Gong (r. 636 – 628 BC)," Ph. D. dissertation, University of Chicago, 1998, pp. 166 – 69] 都采用此铭文作为史料证据，考证在春秋之初晋国为保卫周王室而讨伐南方的一次战争。李学勤认为此鼎的铸造是为了记录晋与繁汤之间有关盐、铸造青铜器的金属原料的贸易（《赵文化的兴起及其历史意义》，《邯郸学院学报》2005年第4期，第15—18页）。

② 公元前8—前7世纪，晋国是支持周王室的主要力量。参见 Shim, "The Early Development of the State Jin: From Its Enfeoffment to the Hegemony of Wen Gong (r. 636 – 628 BC)," Ph. D. dissertation, University of Chicago, 1998, pp. 136 – 152; Loewe（鲁惟一）and Shaughnessy（夏含夷）, eds., *The Cambridge History of Ancient China: From the Origins of Civilization to 221 B. C.*, Cambridge, UK: Cambridge University Press, 1999, pp. 558 – 560。

③ 不清楚杨南仲转录文中的这个"西夏"是否暗含与党项的西夏王朝的联系，后者一直是宋朝的一大军事威胁，直到两国在1044年签订了和约。杨的解读或许有暗含当时情势的意思。这个解读或在暗示韩城鼎的发现是宋朝与西夏持久和平的一个预兆。

奇怪的是，得到了如此不同的解释，欧阳修却接受两种录文都是韩城鼎铭的可信解读。在铭文跋尾中，他赞扬杨南仲和刘敞对古文的精通。[①] 尽管欧阳修承认二者的差异，但他没有直接加以评论，而是把这两篇录文并列于他的卷轴中并公开征求"博识君子"破解这些不同的释读。显然，欧阳修主要的关注点不在于评判这两种录文，而是当两种可信来源相互抵触时要保持原始文本的完整。为了实现这一目的，他用这种非常规的做法把两种资料来源合并在他的文集中。

尽管欧阳修的韩城鼎卷轴很久前就失传了，但在吕大临的《考古图》里能发现此卷轴的一些面貌。[②] 依据吕大临注明的器物所有者姓名，我们可以确定晋姜鼎（韩城鼎）条目下的第一幅铭文图像来自刘敞器物（以下简称器物本，图1.12），该条目下还有另一幅铭文图像，标明为集古本，表明来自欧阳修收藏的拓本（图1.13）。[③] 比较这两幅图像可发现，虽然它们有相同的文字内容，却代表着不同的铭文来源。如上所述，相同文字内容的确还有另一种铭文，即1059年杨南仲转录的那件铭文拓片。[④]

仔细研究录文和图像之间的联系可以进一步证实，刘敞转录的是来源于器物本的铭文，而杨南仲转录的是集古本的铭文。举两个字体变化的例子说明这种联系（表1.1）。铭文中结构较为复杂的第86字，器物本中是由两个大小相对

---

① 欧阳修：《韩城鼎铭》，《集古录跋尾》卷1，李逸安点校《欧阳修全集》第5册，第2066—2069页。
② 吕大临的《考古图》也包含其他尚古学者著述的信息。参看容庚《宋代吉金书籍述评》（1963年），《颂斋述林》，香港：翰墨轩出版有限公司，1994，第3—6、35页。
③ 吕大临：《考古图》卷1，亦政堂本，1752。
④ 1059年发现的此鼎铭文，有雕刻在石板上的拓本，见《集古录跋尾》卷1，李逸安点校《欧阳修全集》第5册，第2067页。很可能杨南仲考据的是此铭文的石刻版拓片，而非实际铸在此青铜器上的铭文。

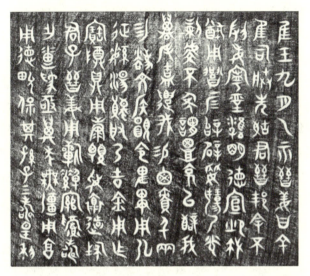

图 1.12 韩城鼎（晋姜鼎）器物本铭文。吕大临：《考古图》卷 1，亦政堂本，1752

一致的文字偏旁组成的，而在集古本中显示为一个大字左上方附着一个小字。刘敞虽然按照字形结构将器物本上的这个字转录为现今文字，但他并不明了此字的恰切含义，因而未做进一步解读。而对于集古本上的这个字，杨南仲由其内部构成认出左边是古体的"西"字，右边可能是"夏"字，他据此转录了这个字，并解读它是"西夏"一词的合体，同时他还列举了其他几个合体字来支持他的解读。另一个例子是第 92 字，两个版本都是上下结构，但器物本中这个字结尾是两道曲线，而集古本中结尾是一个足字偏旁。按照它们各自的字形结构，刘敞把这个字读成"惠"，而杨南仲照字形转录且没有做进一步解释。[1]

---

[1] 所有三种主要的存世欧阳修著作（如 1196 年的周必大本、四部丛刊收录的 13 世纪本和 1819 年的欧阳衡本）显示他的韩城鼎跋尾都是同样的结构。参看《欧阳文忠公集》第 2 册，第 1038—1040 页；李逸安点校《欧阳修全集》第 5 册，第 2066—2069 页。

　　杨南仲转录文和集古本的紧密联系表明，装裱于欧阳修卷轴里的韩城鼎铭一定来自杨 1059 年研究过的那件。这一信息让我们能够按照欧阳修自己著述中所讲的结构重构这一卷轴。① 这个卷轴开首是取自 1059 年发现的鼎的铭文图像，可能是欧阳修从杨南仲那里得到的一件拓片。接着是欧阳修的一篇短文，他在文中认为刘和杨都精通古文，但也提到他们转录文的差异。随后是刘的录文，接着是杨的录文及其写于 1062 年的语言学短文，所有这些可能都是以原始手稿形式裱到卷轴中的。

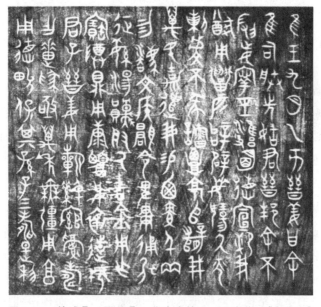

图 1.13　韩城鼎（晋姜鼎）集古本铭文。吕大临：《考古图》
卷 1，亦政堂本，1752

---

① 　该卷轴结尾是蔡襄于 1064 年题的跋，他在跋中评论说古文献中经常有变体字。见李逸安点校《欧阳修全集》第 5 册，第 2069 页。

表 1.1　器物本和集古本铭文的比较

	第 86 字	第 92 字
器物本	（刘敞以正书转录了此字但未加翻译）	（刘敞转录为"惠"字）
集古本	（杨南仲转录此字为"西夏"合体字）	（杨南仲以正书转录了此字但未加翻译）

注：图 1.12、图 1.13 中的字形细节。这些字样显示了《韩城鼎》两个版本铭文的不同特征，导致宋朝金石家们对此铭文的不同解读。

尽管欧阳修把杨和刘的录文都放进韩城鼎铭卷轴中，但他只采用了一个图像来代表两个不同来源的铭文，并把它们当作一个来进行讨论。对于铭文不同来源的模糊处理反映出欧阳修关于原作的概念以及他对于原作和替代本之间不固定关系的看法。在欧阳修看来，原作的资格不必由任何特定的实物来垄断。于他而言，接受多种来源代表单独一件原作是可能的，就算它们外表看起来不同。这种观点在他的《张仲器铭跋尾》中有明白的表述，这也是刘敞收藏的一套青铜器，同一个文本出现了四种铭文（图 1.14）。①

在这则跋尾中，欧阳修坚称即使四个版本的铭文字体有异，它们也应被视为同一篇文本，因为古人经常在书写中使用不同的字体。他指出同一文本有多种铭文是古人的深谋远虑，他们以此确保原文得以存续。对一篇古文本的全面理解不能只拘泥于哪一个特定版本的文本，而应通过对该古文本的多种铭文综合了解获得。只有不把原始文本绑定在哪一种

① 欧阳修：《张仲器铭》，《集古录跋尾》卷 1，李逸安点校《欧阳修全集》第 5 册，第 2076—2077 页。

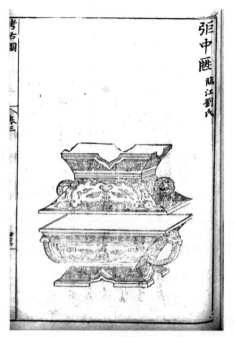

**图 1.14 弜中匜①。吕大临：《考古图》卷 3，
亦政堂本，1752**

物理再现或文字变体上，才可能使其成为一种"概念化原始
文本"（conceptualized urtext），能被多种存世的可选版本所
表述。在韩城鼎这个例子中，刘和杨据以转录的铭文都被欧
阳修认作原始真本。照此理解，使用一个图像来代表两种源
出不同的铭文不应被视为忽略二者区别的失察，相反，应该
理解欧阳修的用意是要引出概念化的"原始文本"，从可靠
的不同版本中取其一种来代表它。欧阳修通过兼采刘和杨的
两种铭文来凸显存在两种铭文来源的事实，但他讨论的主题
是原始文本，而非它的可替代版本。由于概念化原始文本与
其物理意义上的可替代版本之间的独特关系，欧阳修能够在

---

① 欧阳修称此器物"张仲器"，李逸安点校《欧阳修全集》第 5 册，第
2076 页。——译者注

讨论中采用两种不同的铭文来源，因为它们共同代表了原作。

结　语

欧阳修的收藏绝不是传统的以原始实物为主的收藏，而是一种"概念"收藏。这不仅是因为欧阳修将拓片作为替代媒介收藏的非物质化策略，而且也是因为整个收藏得以成立的思想框架。由于其包容性，一件拓片能够将源器物的表面内容以及其生命历史转化为墨印图案，而无须复制该器物的物理形式。省却物理的体量让欧阳修能建立起一个规模巨大的收藏。他的千卷收藏，数量之巨，涵盖的历史年代之久远和地理空间之广大，的确令人肃然起敬，可以被视为一个内容广泛的止于宋朝的中国历史样本库。虽然他的收藏涉及的很多实物都已经损坏，它们的内容很少有完好无缺的，但仍可看出其史料包罗之广，这赋予了该收藏代表往昔历史的原真性。收藏的古董价值并不系于每一件实物本身，而在于收藏的拓本在概念上具有的与古代的联系。

除了收藏的广泛历史代表性，欧阳修还把重点放在了历史的原真性上，正是这种原真性构成了收藏的概念性前提。在关于《孔子庙堂碑》和《大唐中兴颂》的讨论中，求真是欧阳修收藏的原则。然而求真只应用于推断铭文是否为概念上的"原文"。欧阳修和其他许多宋朝尚古学者一样，赋予藏品的文本成分优先于其物理性和形式性的特权。① 这种

---

① 将古铭文看作历史学的史料十分不同于宋徽宗及其臣子以鉴赏的方式看待古物，后者主要关注商周器的形制特征。陈云倩，"Cataloguing Antiquity: A Comparative Study of the *Kaogu tu* and *Bogu tu*," *Reinventing the Past: Archaism and Antiquarianism in Chinese Art and Visual Culture*, Wu Hung ed. , pp. 212 – 223。

优先性是根植于中国史学的一种惯例，即历史研究基本上都是通过文本进行的。①

考虑到文本在转抄流传中会出现讹误，欧阳修审慎地考察文本被赋予的传统权威性。正如他一再指出的，古铭文由于与历史事件和人物的同时代关系，被认为是有时间性的存在，避免了流传抄写带来的讹误，因而在重构历史的真实中注定是必不可少的。也就是说，欧阳修对真实历史的追求，并不是把古铭文简单地拼凑在一起。如韩城鼎的例子所示，理解一个特定的历史事件需要比较研究各种证据和解读，尽管它们有所不同，但在概念上是相关的。换言之，在欧阳修的收藏中，对历史的求真更多的是一种概念构建的努力，而非一个物质重建的过程。拓片的采用让概念的求真变得便利，因为拓片是历史内容的非物质再现，忠实地保存了历史所涉及的多种角度的证据。

---

① Kern（柯马丁），"Introduction：The Ritual Texture of Early China," *Text and Ritual in Early China*, Martin Kern ed. , Seattle：University of Washington Press, 2005, p. viii。自 2 世纪以后，碑文在纪念历史人物和事件的仪礼中的重要性就备受重视。Brashier, "Text and Ritual in Early Chinese Stelae," *Text and Ritual in Early China*, Martin Kern ed. , pp. 262 – 274.

第二章　宋朝尚古学者著述的发展

　　北宋时期，最能体现大众和私人对古物兴趣的是大量尚古学者著述的出现，这些著述致力于记录和阐释古代流传下来的遗物。宋朝尚古学者以这些文本记述古物的形式特征和外观形状，编纂他们的观察和研究成果，更重要的是，创造了一个开放的论坛，供学者们表达观点、交流思想、讨论古物和有关古代的问题。因此，宋朝尚古学者的著述通常是图文并茂，以多种形式展现古器物。作为一种讨论古代的表达工具，许多尚古学者著述都以特定的程式写作。尚古学者们试图借助物质证据而非依靠文献传统来重构一种可验证的历史叙事，他们把评议焦点放在历史文献与古器物上所见铭文的不相符之处。关注仪礼合宜做法的人们则按照古器物的仪礼功能对之进行分类，他们也因此十分注意一件器物的形式细节，以弄懂其中蕴藏的仪礼象征。尚古学者感兴趣于见诸器物上的铭文之书法或语言学特性，在著作中考释这些铭文。

　　除了成为表达观点和兴趣的论坛，宋朝尚古学者著述还保存和传播了古代知识。宋朝印刷技术的发展，诸如高品质纸墨的生产以及专业雕版和石刻作坊的出现，为发达的印刷工业提供了一个舞台，使其服务于巨大市场中的消费者。在12、13世纪，官营机构和私人出版商都参与到商

业印刷之中。① 对古代的兴趣，在士大夫中尤甚，刺激了尚
古学者著述的出版及其在全社会的流通。② 尚古学者因此可
以把他们的研究及关于古代的看法通过市场传播给广大读
者，范围大大超出了亲近的朋友、同事和熟人圈子。结果
是，即使是那些没机会直接接触到古物的人也能够获得古代
知识，这在中国历史上是第一次，一个人不必非要拥有庞大
的古物收藏也能获得有关它们的信息。

宋朝尚古学者著述的学术黄金时代

第一部关于宋朝尚古学者著述的目录学研究《籀史》，记
录了尚古运动高峰时期出版的丰富作品，然而它也成为这些
著述大量湮佚的明证。成书于 12 世纪中期的《籀史》是古文
书学家翟耆年（生活于 12 世纪早至晚期）所作。翟是宋高宗
（1127—1162 年在位）时期的宫廷学者。1126 年至 1127 年，
女真人的金朝（1115—1234）大举进攻北方中原地区，宋高
宗在这场祸变之后登上了帝位。这场战争导致宋朝失去了北
方的领土。③《籀史》收录了 34 部宋朝尚古学者著述，包括
皇家和私人收藏的古器物图录，古铭文的语言学研究，石

---

① Chia（贾晋珠）and de Weerdt（魏希德），eds., *Knowledge and Text Production in an Age of Print：China*，*900 - 1400*，Boston：Brill，2011，pp. 1 - 32；方晓阳、吴丹彤：《促进宋代印刷技术进步的主要因素》，《北京印刷学院学报》2011 年第 6 期，第 1—7 页；姚瀛艇：《宋代文化史》，河南大学出版社，1992，第 83—99 页。

② 宿白：《北宋汴梁雕版印刷考略》，《唐宋时期的雕版印刷》，文物出版社，1999，第 12—17 页。

③ 宋金战争发生于靖康年间（1126—1127），导致北宋灭亡，史称"靖康之变"。Levine，"The Reigns of Hui - tsung（1100 - 1126）and Ch'in - tsung（1126 - 1127）and the Fall of Northern Sung，" *The Cambridge History of China*，Vol. 5，Part I，*The Sung Dynasty and Its Precursors*，*907 - 1279*，Denis C. Twitchett（崔瑞德）and Paul J. Smith（史乐民），eds., Cambridge：Cambridge University Press，2009，pp. 639 - 643.

碑、青铜器和崖刻的古铭文以及宫廷礼器仿古铭文的论集。①

　　书中条目的开头通常是关于图像、器物或事件的问题，由此将这些著述置于宋朝尚古运动的语境中。接着是关于这些著述具体方面的讨论，通常是关于文本分析的评注和仪礼经文的引用。最后是评价这些著述对于理解古代的贡献，或者是翟自己对于文中所提出问题的考辨。② 目录表显示，这些著述被列为上下两卷，皇家编纂的书目列在前面，接着是商周秦汉时期的铭文，之后是大约按年代分组的宋人著述。③《籀史》所列 34 部著述中只有 5 部留存至今，其中只有一部的原版幸存下来。④ 就连《籀史》自身

---

① 翟耆年：《籀史》目录表，《丛书集成初编》第 1513 册，第 1—3 页。

② 有证据显示《籀史》包含的部分段落出自翟耆年的父亲翟汝文之手。例如，《周穆王东巡题名一卷》以第一人称提到时任税官的老翟在东部地方巡税即可证明。《丛书集成初编》第 1513 册，第 4—5 页。

③ 目录表上卷所列书名的年代多为北宋中晚期，下卷书名的年代多为北宋末南宋初。

④ 5 部存世著作中的 2 部，即吕大临的《考古图》和宋徽宗于 12 世纪 20 年代初敕撰的《宣和重修博古图录》，目前所存的是明代版本。第三部是赵明诚所撰《古器物铭碑》，保存在赵明诚另一部更大的关于宋朝尚古学者的史料汇编《金石录》中。另一部存世作品，薛尚功（12 世纪中叶在世）所撰《历代钟鼎彝器款识法帖》是一部商周青铜器铭文的专著。此书最初于 1144 年刻于 24 块石板上得以幸存，有几种后世的印刷版和复制品。其中 19 块原始石板的拓片于 1929 年在清朝皇家档案馆（皇史宬）重现（徐中舒：《宋拓石本历代钟鼎彝器款识法帖残本跋》《宋拓石本历代钟鼎彝器款识法帖残本再跋》）。陈芳妹证明尽管这些拓片只是薛著的片段，但仍提供了一个直接路径以了解原始石刻内容，尤其是它的形式特征，以及石刻产生时代与宋朝尚古运动有关的文化背景（《金学、石刻与法帖传统的交会——〈历代钟鼎彝器款识法帖〉宋拓石本残叶的文化意义》，《美术史研究集刊》第 24 期，2008 年，第 67—146 页）。第五本书为列于《籀史》目录表下卷的《吕氏考古图释》，归为赵九成（12 至 13 世纪在世）所撰，清代金石家翁方纲和陆心源（1838—1894）考证此书与另一本存世作品《考古图释文》（翟书未收入）是同一本书，是解释吕大临《考古图》的一部文献学术语汇编。另一些学者，钱曾（1629—1701）和《四库全书》的编纂者则据两书多有重叠内容，认为《考古图释文》为吕大临本人所撰。容庚分析了此书内容，也赞同该书作者为吕［容庚：《宋代吉金书籍述评》（1963 年），《颂斋述林》，第 6—10 页］。

也已散佚——其下卷于 17 世纪中叶全部散失。① 这种状况反映出宋朝尚古学者著述所遭受损失的严重程度，许多著述只有书名或片段存留在后世的文献中。② 不过，虽然宋朝尚古学者著述散失严重，但近年的研究重新拼合碎片，成功地恢复了一些文本。③

　　循着《籀史》开创的先例，许多关于宋朝尚古学者著述的现代研究也采取条目评注的形式，这些研究的做法是一组作品分列于一个个条目下进行评估，而不是做整体的探讨。这类研究中最具代表性的是容庚的论文《宋代吉金书籍述评》。④ 容庚在所选的每一部文献条目下，都对该作品以及它流传的历史做一总括描述，并且着重于之前学者的评论。容庚对于单部文献，包括那些已经失传作品的简明而深入的研究是很有价值的，为后人研究宋朝尚古学者著述铺了路。⑤然而，这种研究也是有问题的，它缺乏对宋朝尚古运动历史语境的观照，把文本看作一个个孤立的标本，几乎没有展示它们相互间的联系。一些对宋朝尚古运动语境的研究表明，

① 见《钦定四库全书总目提要》中《籀史》条，《丛书集成初编》第1513 册，第 1 页。

② 容庚的《宋代吉金书籍述评》（1963 年）讨论了 8 部宋朝金石家著述及它们的后世版本，第 3—30 页。杨殿珣列出了 89 部已不存世的宋朝金石家著述（《宋代金石佚书目》，《考古学社社刊》第 4 期，1936 年，第 204—228 页），杨的这份书单后来被叶国良扩增到 112 部（《宋代金石学研究》，第 52—59 页）。

③ 叶国良认为许多散佚的文本被部分地保存在大型的著述里或被引用在其他的金石学家著作里（《宋代金石学研究》，第 59—63 页）。容庚依据《籀史》及其他宋朝书目研究详细地描述了 11 部宋朝金石家的著述。

④ 此文发表于 1933 年（容庚：《宋代吉金书籍述评》，《庆祝蔡元培先生六十五岁论文集》，第 663—665 页），1963 年又做了很大修订。

⑤ 例如，Harrist（韩文彬）关于李公麟的研究（"The Artist as Antiquarian: Li Gonglin and His Study of Early Chinese Art," *Artibus Asiae*, Vol. 55, No. 3 - 4, 1995）、万绍毛关于北宋金石家和宫廷学者刘敞的研究（《刘敞在金石学上的贡献及影响》，《文物季刊》1995 年第 2 期，第 73—77 页）。

这些文本之间是有很强关联性的，特别是有关古代观念和古物考据的交流。[1]

另一类关于宋朝尚古学者著述的现代研究是对后世再版的宋朝著作的文本考察。这些后世版本对于我们理解宋朝尚古学者的著述尤其重要，因为多数存世的宋朝作品都只有后世的版本。不过，后世版本虽然保存了原版的内容，但也在再版的过程中带进了文本讹误或窜改，造成了有关这些作品真实性的严重问题。经过最严格文本研究的一部宋朝尚古学者著述是吕大临的《考古图》。该书囊括了从 30 多个皇家和私人收藏中精选的 200 件古器物。[2] 这本目录书的多个现存版本，年代从 14 世纪中期到 18 世纪晚期，都经过了极其细致的分析，比对了它们相互间以及与原版之间的关系。这一小心求证的结果，是可信地重构了该书在后世流传中被改变的情况。这一重构有助于将保存的原版成分与后世窜入的改变区分开来。

还有一类现代研究则关注这些著述在宋朝尚古运动中的作用。王国维的《宋代之金石学》是此类研究中的一篇先锋性著作。[3] 王国维称金石家的著述具有双重功能，即系统地记录古器物，同时加以分析解释。他将这些著述视为一种集体性的旨在更好地理解古代的雄心勃勃的事业，他的这种方法为很多后继的宋朝尚古运动研究者所采用。认为宋朝金石

---

① 许雅惠：《宣和博古图的间接流传——以元代赛因赤答忽墓出土的陶器与绍熙州县释奠仪图为例》，《美术史研究集刊》第 14 期，2003 年，第 1—26 页；陈云倩，"Cataloguing Antiquity: A Comparative Study of the *Kaogu tu* and *Bogu tu*," *Reinventing the Past: Archaism and Antiquarianism in Chinese Art and Visual Culture*, Wu Hung ed., pp. 200 - 228。

② 容庚：《宋代吉金书籍述评》（1963 年），《颂斋述林》，第 3—6 页；郭永禧：《吕大临（1046—1092）〈考古图〉研究》，硕士学位论文，香港大学，1994。

③ 王国维：《宋代之金石学》，《国学论丛》第 1 卷第 3 号，1927 年，第 45—49 页。

家们是一个合作集体，在一套相同的规范中为共同的目标而工作，这种看法在这一主题的现代研究中占据了主流地位。夏超雄的《宋代金石学的主要贡献及其兴起的原因》很好地体现了这种看法。^① 夏超雄把一个个宋朝金石家和他们的著述联结在一起，统称他们为"宋人"，对宋朝金石学做了一个简要而全面的综述。尽管这有助于便捷地评价宋朝的尚古运动，但这种方法——假定尚古学者们有一种关于古代的共识——也是有问题的，因为它忽略了他们之间的知识谱系和社会地位的差别。

仪礼改革与宋朝尚古学者著述的早期发展

宋朝建立之初，仪礼的规程和实操就是一个争论的焦点。^② 宋朝皇帝和朝臣做了很大努力去弄懂儒家经书中关于仪礼的晦涩阐述，用以解决国家典礼（如郊祭上天）该如何举行，以及该使用什么样的祭祀礼器等问题。^③ 仪礼音乐尤

---

① 夏超雄：《宋代金石学的主要贡献及其兴起的原因》，《北京大学学报》（哲学社会科学版）1982 年第 1 期，第 66—76 页；另一个重要的研究是叶国良的《宋代金石学研究》。

② 陈邦瞻（1623 年卒）：《宋史纪事本末》，中华书局，1977，第 41—48 页。

③ 关于仪礼准则的儒家经书包括《周礼》、《仪礼》和《礼记》，通常被称为"三礼"。宋朝廷力图将这些经书文本的解释标准化，使之成为其政治权威的宣言，这一努力始自宫廷学者聂崇义（10 世纪中在世）编纂《三礼图》，此人是五代及宋初的国家礼典专家。他的书于 962 年上呈宋太祖（960—976 年在位），此书对经文中描述的国家仪礼的程序和器具进行了分类和定义。《三礼图》依据对礼经的历史研究写成，但有所创新，添加了描摹图像。此书引发了几代宋朝学者的关注和讨论。Falkenhausen（罗泰），"Antiquarianism in East Asia: A Preliminary Overview," *World Antiquarianism: Comparative Perspectives*, Alain Schnapp et al., eds., p. 50；王锷：《宋聂崇义〈新定三礼图〉的价值和整理——兼评丁鼎先生整理的〈新定三礼图〉》，《孔子研究》2008 年第 2 期，第 76—87 页。

其成问题，因为关于仪礼音乐和乐器，特别是编钟，在朝廷中意见很少一致。[①] 作为国家祭祀大典必不可少的元素，仪礼音乐历来被视为施行统治至关重要的工具。人们相信君主应该以德行治理他的臣民，通过音乐谐调教化，国运也会在总体上通过音乐预兆。仪礼音乐改革不当或使用不适宜的乐器会唱衰国运并给君主龙体带来伤害。[②] 宋朝开国皇帝太祖为他的新政权采用的仪礼音乐来自后周（951—960）宫廷，即 10 世纪上半叶五个短命朝代中的最后一个。当太祖于 960 年篡夺了后周的皇位时，他承继了其仪礼体系，包括礼乐乐器，宋朝宫廷继续使用它们，仅做了很小的改动。[③]

这些继承下来的礼乐乐器中有一套编钟是由后周深受尊敬的儒家学者王朴（959 年卒）设计的。虽然这套编钟在太祖新朝初创的登基大典中解了燃眉之急，但它们有一个音基的缺陷。它们的音调太高，发出的乐声隐隐有哀思之感，被认为对大宋王朝是不吉之兆。[④] 意识到这一问题的严重性之后，富有改革头脑的仁宗皇帝掌权伊始就下旨征求古礼乐。[⑤] 仁宗还授权宫廷专家依据对礼乐经文的研究铸造经过改良的青铜编钟，然而此次改制却不了了之。神宗皇帝（1068—1085 年在位）也试图进行类似改革，但

[①] 关于礼乐的问题与改革的概述，见脱脱等《宋史》卷 126，第 2937—2938 页。

[②] 宋仁宗于 11 世纪中期激进地试行了礼乐新制改革，旋即病倒了，人们认为是新乐导致了他的疾病。这一不幸的结果逼迫皇帝放弃了礼乐改革。杨仲良：《皇宋通鉴长编纪事本末》卷 31，掌经室外集本，1882，第 511—536 页。

[③] 例如判太常寺和岘（940—995）增加了新的磬和管笛，又校准编钟律吕。陈邦瞻：《宋史纪事本末》卷 8，第 45—46 页。

[④] 脱脱：《宋史》卷 126，第 2941 页。

[⑤] 因宋仁宗登基时年幼，他在位的前 12 年未能执掌朝政，直至摄政的刘太后于 1033 年去世。第一次礼制改革发生在 1034 年皇帝刚刚全面掌权之后，显然是新的政治情势使然。脱脱等：《宋史》卷 126，第 2970 页。

最终是对太祖继承的音乐和仁宗改制的乐器做了一个不甚满意的折中。① 哲宗皇帝（1086—1100 年在位）时期礼乐问题继续成为争论的中心议题，仪礼专家范镇（1007—1088）以一篇考据详备的论文和全套的新乐器，奏请施行他更新的礼乐制度。② 但这套制度无视之前的改制成果，因而遭到其他朝臣的反对，不久就被废止了。

在 11 世纪的多次改制尝试中，仁宗皇帝推行的改制在早期尚古学者著述的发展中起着关键的作用。在仁宗的支持下，这类写作总的结构框架开始形成。仁宗皇帝在刘太后（1022—1033 年摄政）临朝称制十年之后初次亲政时，就开展了两次严格的礼乐复古活动，按照古代的做法演奏。③ 当时人们相信，通过仔细分析文献和复杂的数学推演能够弄清和恢复古乐的音调，从而达到天人和谐的完美宇宙秩序。通过礼乐达到理想状态的诉求催生了大量关于乐理和乐器的论著，其中就包括皇帝本人写的一部。④ 在这次改制中，铸造了几个黄钟用来校测音高。最终制定了四律用以校准音高，并依据这些标准造了两套礼乐编钟和编磬。钟磬之外，还增加了一个前所未有的管弦乐队，采用新的乐器来演奏当时的礼乐。还造了一套鼓用来表演新颖的鼓乐舞。在这场改制中，还于 1050 年特别设立了一个宫廷官署——

① 杨仲良：《皇宋通鉴长编纪事本末》卷 80，掔经室外集本，第 1419—1420 页。

② 脱脱等：《宋史》卷 128，第 2989—2992 页。

③ 这两次活动分别在 1034—1038 年和 1050/1051—1056 年开展。杨仲良：《皇宋通鉴长编纪事本末》卷 31，掔经室外集本，第 511—536 页。

④ 景祐年间，宋仁宗写了一部论述礼乐律吕的论著《景祐乐髓新经》。在这部成于 1035 年的论著里，仁宗讨论了礼乐不同音调的意义、这些音调在不同的祭典中的适宜功用，以及音调相互关联的方式。此外，他还描述了这些音调的物理特征，包括生成这些音调的律管的长短。尽管这部论著没有流传下来，但此书总纲要保留在了正史里（脱脱等：《宋史》卷 71，第 1604—1606 页）。

详定大乐所（the Institute for Deliberating Grand Music）管理所有这些事务。①

改制期间，在北部边境的乾宁和很南边的浏阳发现了大量古编钟。② 这些编钟尽管是在边远地区发现的，但很快就被呈献给朝廷，并送去新乐官那里检验。它们和皇家收藏中原有的其他样品一起被视为制作和改造编钟的参考标本。一套称为"走钟"（Zou Bells）的编钟被格外重视，它有 5 件音律大小不同的钟（图 2.1）。③ 欧阳修等朝臣们细察这些钟的外观，注意到钟身实际上不是圆的，而是两侧平的。这些钟在演奏时要按一定角度悬挂。④ 仁宗礼乐改制的主要官员李照（活跃于 11 世纪初期到中期）和胡瑗（993—1059）未能按照这些钟的外形制造新钟，他们因这些错误而备受其他朝臣的批评。⑤

这些批评证明了 11 世纪中叶的一个重要变化，即关注焦点逐渐由古礼文本分析转为直接观察幸存的文物。在此之前，古青铜器具有价值首先是因为它们的铭文，不带铭文的青铜器常常被熔化用作造新器的原料，恰如 1017 年的一件

---

① 此机构设立于仁宗试图进行第二次礼乐改革的皇祐年间。杨仲良：《皇宋通鉴长编纪事本末》卷 31，覃经室外集本，第 524—536 页；脱脱等：《宋史》卷 127，第 2966 页。

② 乾宁在今河北，浏阳在今湖南。脱脱等：《宋史》卷 127，第 2970 页；卷 162，第 1435 页（疑误，查《宋史》当为卷 66，第 1436 页——译者注）。陈邦瞻：《宋史纪事本末》卷 28，第 222 页。

③ 吕大临：《考古图》卷 7。铭文中提到授命铸造此编钟之人名为"走"，钟即得名为"走钟"。这套钟在《宣和重修博古图录》（卷 22）中也被称为"宝和钟"。

④ 欧阳修：《归田录》卷 1，李逸安点校《欧阳修全集》卷 126，第 1923—1924 页；杨仲良：《皇宋通鉴长编纪事本末》卷 31，覃经室外集本，第 535 页；脱脱等：《宋史》卷 127，第 2968—2970 页。

⑤ 杨仲良：《皇宋通鉴长编纪事本末》卷 31，覃经室外集本，第 535 页；脱脱等：《宋史》卷 127，第 2968—2970 页。除了形状，新钟的厚度和尺寸也因不符合古代标本而遭诟病，这些问题最终导致改革被废止。

事例中显示的那样。① 关注点从铭文转向古器物质特征的变
化在走钟的例子上得到了很好的展现。1035 年出土的这套编
钟在仁宗第一次改制期间差点被熔化来铸造新钟。就在送到
熔炉间之时，人们发现了钟上的铭文，这套编钟因此得以抢
救下来，火速送到太常礼院（the Court of Grand Sacrifices）
进行检查。② 然而，对古器铭文的兴趣后来也转到了对它们
物理特征的注意。它们的形状、演奏的方式和发出的乐声都
被仔仔细细地观察。

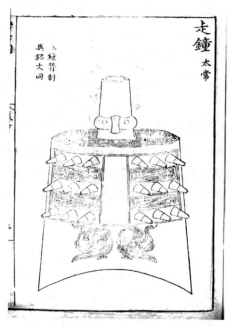

图 2.1　走钟。吕大临：《考古图》卷 7，亦政堂本，1752

　　仁宗皇帝第二次改制期间，一场史无前例的古器展鉴于
1053 年举办，皇家收藏中的商周青铜礼器被展出以供观察。

① 翟耆年：《周秦古器铭碑》，《籀史》，《丛书集成初编》第 1513 册，第
　 18 页。
② 欧阳修：《归田录》卷 1，李逸安点校《欧阳修全集》卷 126，第
　 1923 页。

就在展鉴举办之前两年，皇帝诏令将存于秘阁（the Imperial Archives）和太常礼院的古器搬到详定大乐所，为制作改良的仪礼乐器做准备。① 在一番详定之后，1053 年，一套十二件的礼乐编钟被铸造出来，用以演奏一部新的礼乐曲——《大安之乐》。乐曲的标题显示出此次改制的基本思路：在经历了危害王朝的一连串战争、叛乱和天灾之后，恢复和平与稳定，加强大宋受命于天的统治。② 这一年末，在仁宗邀请他的高官重臣观看《大安之乐》的首演音乐会上，新造的乐器闪亮登场。

这场音乐会后，皇帝召集大臣们观赏皇家收藏的古青铜礼器，可以推测这些古器一定被用作了礼乐改制的标本。在这次赏鉴会后，皇帝下令制作这些古青铜器的铭文拓本，并将其赏赐给出席的大臣们。这些拓本是前所未有的。尽管最晚在唐初拓墨就已经用于石碑，但在此次颁赐拓本之前从未有过拓墨技术用于古青铜器的记载。这项技术当时几乎无人懂得，以至于私家收藏的古青铜器铭文一般都要先摹刻在石板上，才能制作成拓本以供流传。③ 仁宗颁赐给朝臣的拓本并不寻常，甚至可谓特别，因为这些大臣多数都不能读懂以宋朝之前约一千年时通用的古语写成的铭文。除了几位博学之士，如语文学家杨南仲（活跃于 11 世纪中叶）之外，大多数获赐者难以阅读这些御赐礼物，尽管他们也都饱读经史诗书。这些不寻常礼物的灵感似乎

---

① 翟耆年：《皇祐三馆古器图》，《籀史》，《丛书集成初编》第 1513 册。据史籍，此事发生于 1053 年。徐松：《宋会要辑稿》卷 5，第 334 页；脱脱等：《宋史》卷 12，第 234 页。

② 脱脱等：《宋史》卷 127，第 2966—2967 页；胡劲茵：《从大安到大晟——北宋乐制改革考论》，博士学位论文，中山大学，2010，第 127 页。

③ 例如刘敞的《先秦古器图碑》，见翟耆年《籀史》（《丛书集成初编》第 1513 册，第 16—18 页）。

来自宋朝的一种普遍信念，即古代君主会给有功勋的朝臣赏赐青铜礼器，上面刻有纪念此次君主赏赐的铭文。这一信念是基于公元前 1 世纪发生的一件历史事件，当时出土了一件古器，在朝廷中引发了关于古青铜器的仪礼功能的讨论。①

一个重要的细节是，君主与朝臣之间上下尊卑、和睦共处的关系，能够通过颁赐青铜器得以增进和维系。当一个大臣恪尽职守，执行了其君主的命令时，他就会得到刻有记录其功绩铭文的青铜器赏赐；通过把这尊青铜礼器供放在家庙里以及借助器上铭文的记载，他可以骄傲地载入家族的历史。仁宗把古青铜器铭文的拓片赏赐给朝臣，正是要明确无误地和古代君主的仪式性赏赐之举拉上关系，这些礼物应被理解为政治象征，显示皇帝要仿效古代君主重申这种君臣等级关系的抱负。使用拓墨技术产生青铜器铭文的实物图像，而非手工描摹铭文，是昭明这种象征意义的必要手段。这种技术——把纸张紧紧贴在古青铜器表面——为仁宗的赏赐与铸青铜器作为奖赏的古代做法提供了某种物质联系。如此，仁宗便可借助拓片向群臣宣示权威，正如古代君主所做的那样。而大臣们能否读懂这些铭文文字并不是这种做法的象征意义的重点。

仁宗象征性举动的意义被宋朝大臣们从另一不同的角度加以认识。公元前 1 世纪有个叫张敞的大臣，他在汉宣帝（公元前 73—前 49 年在位）朝的一场争论中，根据对青铜器铭文的解读，阐释青铜器恰当的仪式功能。当时有人要把一件新出土的古青铜器放到太庙里，对于此举是否合宜，朝廷大臣中爆发了一场辩论。一般的观点认为古青铜器是吉祥

① 此系汉宣帝时期在美阳（今陕西扶风）发现的一个古三足鼎之事件。班固（32—92）：《汉书》卷 25 下。

之物，应该安放于太庙之中。而张敞则持相反看法，他辩称此物不应放置于太庙之中，因为它是周朝大臣的子孙为他们的家庙造的，而不是周王朝宗室为天子宗庙造的。①

张敞的解释最终帮助先前被误导的皇帝做出了关于该古青铜器使用的适当的决定。解读青铜器铭文的能力至关重要，定义了张敞在与皇帝之间等级关系中应尽的本分。张敞以其必要的古代知识证明了自己是一个贤臣，鉴于此，相比他们一千多年前的前辈，忝列朝堂谋臣的宋朝诸公似乎羞愧于能力之不足，不能解读古文字。解读古青铜器铭文的能力被认为有助于理解古代仪礼。不像关于古礼的经书文献通常过于笼统而令人困惑，古青铜器铭文记录的是实际发生的仪礼活动，因而带有具体的语境和细节。

在此国家仪礼改制全力推行之时，仁宗所赐拓片上的铭文肯定激起了朝臣对古代仪礼内容的极大兴趣。知国子监书学杨南仲是著名的篆书书法家，他奉旨转录皇家收藏中的 10 件古器上的铭文。② 那些不能阅读古篆字的人因此也可以理解铭文的内容。③ 杨南仲除了转录之外，还绘摹了这些古器的画像，包括外形细节和纹饰图案，这在他的序言中都有述及。④ 杨南仲努力的成果，即是中国第一部带有图像的尚

---

① 班固：《汉书》卷 76《张敞传》。

② 杨南仲是仁宗朝几位负责刻写儒学石经的重臣之一。这些石经世称《嘉祐石经》（完成于 1061 年），以两种迥然不同的字体——篆书和楷书书写。张典友：《北宋杨南仲考略》，《中国书法》2012 年第 10 期，第 184—185 页。

③ 具体授命杨南仲誊录铭文的人是平阳公，其人很可能就是当时的首相文彦博（1006—1097）。文是汾州人，北宋时属平阳府（今山西临汾）管辖。文也是一位热衷古物的著名收藏家（陆心源：《金石学录补》卷 1），他收藏的古器有 6 件收入吕大临《考古录》卷 1—6 中。

④ 据赵明诚《金石录》卷 11，文亲自摹绘古青铜器图并把它们付诸石刻。除了已经题录的 10 件青铜器条目，杨南仲还描述了一件三足鼎的形制和纹饰，但他也未能确定此鼎的出处（翟耆年：《籀史》，《丛书集成初编》第 1513 册，第 10—11 页）。

古学者著述，书名为《皇祐三馆古器图》（以下简称《皇祐图》）。① 尽管此书已失传，但它的内容在翟耆年的《籀史》里有所概述。《籀史》记述杨南仲的图录以线描画像和录文（手抄字）组成，这组形式多样的古青铜礼器包括一方簠、一盉、一钟、一圆敦、两个不同形状的甗、一套四个编钟和一个三足鼎。② 这些器物中有几件的图像和铭文也见于吕大临的《考古图》（图2.2）。③

杨南仲在《皇祐图》序言中表达了他对流传的历史文献的存疑——欧阳修也有同感："今距汉且千年，其传者已伪谬不可考。不传者固宜不能通也。今一以隶写之，以俟博古者所图。"④ 杨指出了宋朝学者经常面临的两难处境：尽管古铭文因为保存在地下而免去了传抄之讹误，但除了少数博古专家外，多数观者都不能识读它们。杨解决这一难题的办法就是把难懂的古文字转写成隶书，即当时官文或仪礼文书通用的书法形式。把晦涩难懂的古文和通用的今文并列抄写在一起，以架起跨越古今鸿沟的桥梁，这不是宋朝的新做法。早在3世纪中叶，《正始石经》（刻于241年），也被称为《三体石经》，就把先秦的古文与当世的小篆和隶书三种

---

① 这里的三馆是指昭文馆、史馆和集贤院。此为收藏和研究经、史、子、集的皇家图书馆和研究院。宋朝初年，三馆与秘阁（皇家档案馆）并称，隶属崇文院，之后成为极为重要的朝廷政治机构。崇文院学士也常担任朝廷宰执机关的高阶官员，包括首相。龚延明：《宋代崇文院双重职能探析——以三馆秘阁官实职、贴职为中心》，《北京大学学报》（哲学社会科学版）2016年第4期，第133—144页。

② 翟耆年：《皇祐三馆古器图》，《籀史》，《丛书集成初编》第1513册，第10—11页。

③ 《皇祐图》所收录的器物见于吕大临《考古录》中的有：卷2仲信父方甗和伯勖父圆甗，卷3太公簠和宰辟父敦（也叫周敦），卷7秦盉和钟与5件宝和钟。尽管伯玉敦盉也录于《皇祐图》中，但吕大临《考古图》卷5将它列为私人收藏归在首相文彦博名下。

④ 翟耆年：《皇祐三馆古器图》，《籀史》，《丛书集成初编》第1513册，第10—11页。

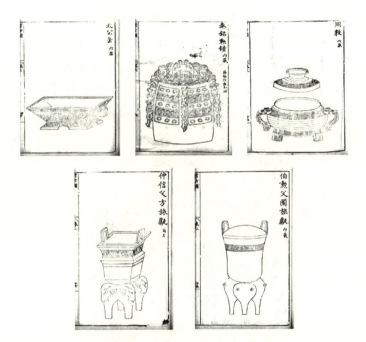

图2.2 收录于《皇祐图》中的古器（左上）太公簋，吕大临：《考
古图》卷3，亦政堂本，1752；（中上）秦盄和钟，同上，
卷7；（右上）周敦，同上，卷3；（左下）仲信父方
甗，同上，卷2；（右下）伯勋父圆甗，同上，卷2

字体并刻于碑石上了。这些字体代表了从公元前3世纪到1
世纪不同历史时期的中文书写，因此集中象征了自东周后期
至汉魏时期延续的文化权威。①

　　杨南仲在编撰《皇祐图》时，还参与了一个大规模刻经
项目，即《嘉祐石经》，② 他以精专的语文学和篆书知识，

---

① Chao Zhao, "Stone Inscriptions of the Wei-Jin Nanbeichao Period," Victor
　Xiong trans., *Early Medieval China*, Vol. 1, 1994, pp. 84 - 96. 公元前
　221 年秦灭六国统一中国之前，东周末期普遍使用先秦文字，而隶书
　是秦之后汉魏（公元前2—3 世纪）的主要书写体。

② 杨恒平：《北宋二体石经考述》，《中国典籍与文化》2008 年第 1 期，
　第30—34 页。

负责监管石经的刻造和其中大半的篆书书写。① 皇帝敕造的这一浩大工程包括 9 部儒家经典的标准文本，每部经典都以篆体和楷体并列书写，它代表了古代与当时的文化成就（图2.3）。毫无疑问，这一宋朝工程延续了由 3 世纪《正始石经》开始并发展的政治象征，被视为一种对宋朝文化认同和统治权威的背书。②

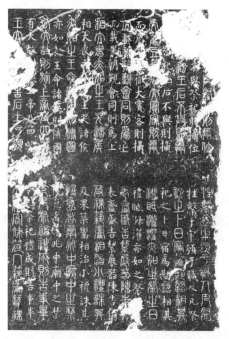

图 2.3　杨南仲书，《嘉祐石经》，拓本残片，1982 年
在河南陈留发现。郑州：河南博物院

---

① 杨南仲督造《嘉祐石经》被视为伟大的功绩，他因此于 1061 年该工程完成时被赐进士出身。李慧斌：《宋仁宗时期国子监书学杨南仲考述》，《青岛农业大学学报》（社会科学版）2012 年第 4 期，第 69—73 页。

② 古钟在政治上的重要意义是研究宋人古代观的一个绝好例证。Ebrey（伊沛霞），"Replicating Zhou Bells at the Northern Song Court," *Reinventing the Past: Archaism and Antiquarianism in Chinese Art and Visual Culture*, Wu Hung ed., pp. 179 - 199。

虽然《嘉祐石经》和《皇祐图》有一些共同的特性，特别是它们都把古文和今文并列，但二者在编撰上又有根本的不同。石经产生了一个经典的官方版本，旨在使宋朝的儒家经义学习标准化，而杨南仲的青铜器图录则阐明他自己对古铭文的释义，在那些也对古文感兴趣的宋朝学者中引起了一场讨论。之后若干年间，对商周青铜器铭文的研究和著述进入了兴盛期。早期的发展可参见第一章讨论的欧阳修对韩城鼎（晋姜鼎）的研究，包括杨南仲和刘敞对同一古铭文两种颇为不同的释读。[①] 杨的图录以及类似的宋朝尚古学者著述，如李公麟的《周鉴图》和刘敞的《先秦古器图》（以下简称《先秦图》）的出版流传，进一步推动了这场研讨的发展。这些著述被刊刻于石板之上，拓本因而易于制作和流通；[②] 一些刊刻石板还被公开陈列以便于传播。[③]

各种图录

《皇祐图》刊刻之后的 30 年间，一系列图录问世，其中有刊刻于 1063 年的刘敞的《先秦图》。刘敞以在儒家经典方面博学而著名，他带动了一种新的学问方法，即从根本上质疑以汉唐的注疏为媒介的传统解经，主张通过直接阅读经文

---

① 在宋徽宗的支持下，对于古代铭文的研讨在 12 世纪的宋朝知识界成为中心议题。陈云倩，"Cataloguing Antiquity: A Comparative Study of the *Kaogu tu* and *Bogu tu*," *Reinventing the Past: Archaism and Antiquarianism in Chinese Art and Visual Culture*, Wu Hung ed., pp. 220 – 228。

② 赵明诚：《金石录》卷 11，金文明校证《金石录校证》，上海书画出版社，1985，第 200—201 页；翟耆年：《籀史》，《丛书集成初编》第 1513 册，第 12—13、16—18 页。

③ 例如李公麟的《周鉴图》石刻版放置于秦王楼专门供公众观赏拓印。翟耆年：《籀史》，《丛书集成初编》第 1513 册，第 13 页。

进行个人解读。① 除了在儒学研究方面的影响力，刘敞还是一位具有创新性的尚古学者，这一声誉来自其前所未有的古器收藏，其中大部分为商周青铜礼器。这些收藏是他于11世纪60年代初在宋朝西北边境地区搜购而得的。② 尽管早期中国历史上商周青铜礼器时有发现，但宋朝以前并不曾有大量私人收藏见诸记载。③

　　受过儒家经典和礼学训练的刘敞，对古代礼器产生兴趣是在11世纪50年代。彼时正值仁宗第二次仪礼改制，特别是在1053年的商周青铜礼器展鉴之后，古铭文吸引了一批士大夫的高度关注。刘敞时为集贤院直学士，一定也出席了那次展鉴。④ 1060年，他离开都城出任永兴军路安抚使（在今陕西），此地位处渭河河谷，是西周、秦、西汉和唐朝都城所在的京畿地区，有许多皇陵和贵族墓地。作为此地的军政长官，刘敞走遍整个地区，因此有机会去到被发掘的陵墓和密窖所在地，获得出土的青铜器。⑤ 当他于1063年秋天被召回京城时，他收藏的古物已经达到数十件之多。⑥

　　就在回京前不久，刘敞编撰了《先秦图》，该书收录了

---

① 晁公武：《郡斋读书志》卷4，见孙猛校《郡斋读书志校证》，上海古籍出版社，1990，第143页。

② 欧阳修：《集古录跋尾》卷1，李逸安点校《欧阳修全集》第5册，第2062—2075页；蔡绦：《铁围山丛谈》卷4，第79页；Sturman（石慢），"Mi Youren and the Inherited Literati Tradition: Dimensions of Ink-Play," Ph. D. dissertation, Yale University, 1989, pp. 419 - 431；万绍毛：《刘敞在金石学上的贡献及其影响》，《文物季刊》1995年第2期，第73—77页。

③ 早期的发现多被当作"献瑞"，即上天降下的吉兆献给朝廷。容庚：《商周彝器通考》，哈佛燕京学社，1941，第6—7页。

④ 张尚英：《刘敞年谱》，吴洪泽、尹波主编《宋人年谱丛刊》第4册，四川大学出版社，2002，第2068页。

⑤ 欧阳修：《集古录跋尾》卷1，李逸安点校《欧阳修全集》第5册，第2086—2087页。

⑥ 欧阳修：《集贤院学士刘公墓志铭》，李逸安点校《欧阳修全集》卷35，第524—527页；脱脱等：《宋史》卷319，第10386页。

其收藏中的 11 件器物，皆以图像和文字一并呈现。[1] 尽管该图录无一版本幸存，但我们仍能从他的《先秦古器记》所述中一窥它的主要框架与内容之大概：[2]

> 先秦古器十有一物，制作精巧，有款识，皆科斗书。[3] 为古学者，莫能尽通，以它书参之，乃十得五六。就其可知者校其世，或出周文、武时，于今盖二千有余岁矣……使工模其文，刻于石，又并图其象，以俟好古博雅君子焉。

根据这一记述，刘敞《先秦图》的框架十分近似于《皇祐图》——都是以商周时期器皿的画像和铭文构成。与其前辈一样，《先秦图》也刻之于石，应该是为了便于拓墨复制和流通，这是能够持久和保真的可靠方法。《先秦图》的发行量一定相当可观，因而至 19 世纪初还能看到它的幸存拓本。[4]

不过，《先秦图》并非只包含画像和铭文。刘敞关于其收藏品研究的一些短文，最初一定是为此图录写的，被保存

---

[1] 除了《先秦图》中的 11 件古器，刘敞还另外拥有多件周代古器未收于该图录中。例如，刘敞从骊山（今西安北郊）获得的可能为周代的一套十件礼乐编钟就没有包括在此图录中 [《公是集》卷 49，《丛书集成初编》第 8 册，第 595 页（此处第 8 册应为第 1906 册——译者附注）]。叶国良：《宋代金石学研究》，第 81—82 页；万绍毛：《刘敞在金石学上的贡献及其影响》，《文物季刊》1995 年第 2 期，第 73—77 页。

[2] 刘敞：《先秦古器记》，《公是集》卷 36，《丛书集成初编》第 1904 册，第 437 页。

[3] 刘敞在他的文论中没有详列这 11 件古器的名称。容庚考诸其他宋朝尚古学者的著述，列出这 11 件古器有晋姜鼎、商雝鼎、龚伯彝、毛伯敦、伯庶父敦、伯囧敦、中言父旅敦、叔高父煮簋、张仲簠、张伯匜 [《宋代吉金书籍述评》（1963 年），《颂斋述林》，第 1—43 页]，容庚未把骊山钟列入其中（《公是集》卷 49，《丛书集成初编》第 1906 册，第 595 页）。

[4] 张廷济（1768—1848）提到刘敞《先秦图》所含 11 件古器中的 7 件。《怀米山房吉金图序》，见曹载奎（1782—1852）《怀米山房吉金图》卷 1。

在他的文集《公是集》和其他宋朝尚古学者的著述中。① 如其中一篇研究的是刘敞命名为"伯冏敦"（Bojiong Tureens）的一对青铜器（图2.4）。②

　　右二敦，得于蓝田③。敦者，有虞氏之敦。周礼有金敦，有玉敦。玉敦以盛血，天子以盟诸侯；金敦以盛黍稷，大夫主妇以事宗庙。

　　此金敦也，其铭曰："伯冏父作周姜宝敦，用夙夕享用，蕲万寿。"④ 伯冏，盖穆王太仆正。⑤ 周畿内诸侯食采于周者，皆周公之后，然则伯冏周公裔孙也。

这里讨论的器皿是一对青铜敦，刘敞认为它们是西周时期一位名为伯冏的高官下令铸造的。从短文开头"右……"一句可见，此文原本一定是置于此器的画像和铭文之后的，它们是从右到左排列的。这种排列方式说明《先秦图》的形式应该是卷轴，这是宋朝拓本常采用的形式。⑥ 虽然我们不知道在此图录

---

① 刘敞：《公是集》卷49，《丛书集成初编》第1906册，第594页。薛尚功：《历代钟鼎彝器款识法帖》卷10、11、12和15，第48—49、57、60—61、73—75页。

② 刘敞：《公是集》卷49，《丛书集成初编》第1906册，第594页。依据铭文，此器在欧阳修《集古录》中也被称为"周姜宝敦"（《集古录跋尾》卷1，李逸安点校《欧阳修全集》第5册，第2074页），在吕大临《考古图》卷3中以不同名称读为"伯百父敦"。

③ 蓝田在今陕西西安东南。

④ 此青铜器铭文在《公是集》的引文中读作"伯冏父作周姜宝敦，子子孙孙永宝用"。有意思的是，此引文不同于吕大临《考古图》卷3和薛尚功《历代钟鼎彝器款识法帖》卷13中的同一铭文。笔者的译文依据的是后二者的版本，因其文字内容相同，且与两书中的铭文图像相一致。

⑤ 刘敞指的是见于《尚书·周书》中的冏命，即记载周穆王任命伯冏为太仆正。孔颖达：《尚书正义》，《十三经注疏》上册，中华书局，1980，第246页。

⑥ 赵明诚的收藏也是采取铭文拓片卷轴的形式。《金石录》卷13，见金文明校证《金石录校证》，第223页。

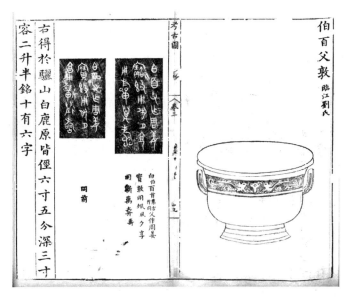

图 2.4 伯冏父敦。吕大临：《考古图》卷 3，亦政堂本，1752

中，11 件器物是按形制、编年还是其他标准编排，但我们可以断定这个卷轴的结构是，开头是刘敞为图录写的序，接着是一个个的条目，每个条目由器物的画像、其铭文的摹本和论述此器历史及仪礼意义的短文构成。刘敞的文集显示，每个条目的最后还有一首韵文（赞）。① 所有这些部分都刻在多方石碑上以便于拓印墨本流通。18、19 世纪对于当时尚存的几件《先秦图》拓片的描述进一步证实了我们对其原貌的重构。②

对这篇伯冏敦短文的分析不仅帮助我们重构了《先秦图》原貌，也给我们提供了理解刘敞尚古研究的一个视角。在此文

---

① 作为中国史书写作的标准组成部分，"赞"最早可追溯到公元前 1 世纪司马迁的《史记》。保存在刘敞《公是集》中的 3 篇关于古礼器的文章都含有这种四字一句的韵文（《公是集》卷 49，《丛书集成初编》第 1906 册，第 594—595 页）。

② 赵魏考证《先秦图》原本是刻在两片石板上的（《竹崦庵金石目录》卷 4），张廷济也持此看法（《怀米山房吉金图序》，见曹载奎《怀米山房吉金图》）。

中，刘敞指出"敦"这类器皿记载于早期的经书《礼记》中，并解释它们是传说中的圣君——有虞氏的舜使用的。① 根据经书，舜是遥远的神话时代的圣明君主之一。② 舜因秉性贤德孝顺被推选出来，由他的前任尧禅让为君，后来又把王位禅让给禹，即夏朝的建立者，夏禹也是以德行而被选为君王的。③ 因为夏是三代中的第一个朝代，因此在宋人传统观念中夏被视为古代历史的开端，而舜禅让君权给禹标志着早期中国的一个至关重要的历史节点，即古代理想转变为历史现实。通过指出这一对器物与神话圣君舜的联系，刘敞就可以给这些寂寂无闻的历史工艺品注入直接根植于遥远古代的意识形态价值。

至于这对礼器的物质特性与其仪礼意义有着怎样的关系，刘敞引用了《周礼》来解释。这部充满争议的经典文献突然出现于公元前 2 世纪，最初名为《周官》，尽管缺乏清晰可溯的源头，它却被视为真正代表了周朝的政治制度，被王莽（公元前46—23）用作他的新朝（8—23）的制度模本，新朝短暂地篡夺了汉朝的皇祚。④ 王莽和他的

---

① 刘敞所指"明堂位"，是自有虞氏至夏商周传说中的君主使用各种祭祀礼器的地方（《礼记正义》卷31，《十三经注疏》下册，第1490页）。

② 《尚书》列出了中国古代的5位圣君：少昊、颛顼、高辛（帝喾）、尧和舜（《尚书正义·序》，《十三经注疏》上册，第113页）。

③ 《尚书》中尧典和舜典两章记述了舜的一生和他身为君主的美德（《尚书正义》卷2、3，《十三经注疏》上册，第117—133页）。Birrell, *Chinese Mythology: An Introduction*, Baltimore, MD: Johns Hopkins University Press, 1999, pp. 74 - 77, 81 - 83。

④ 据史载，《周礼》是在秦焚毁古籍后的复古运动中被进献给西汉河间献王（公元前 155—前 129 年在位）的 [Boltz（鲍则岳），"Chou li《周礼》，" *Early Chinese Texts: A Bibliographical Guide*, Loewe（鲁惟一）ed., Berkeley, CA: Society for the Study of Early China, 1993, pp. 24 - 32]。王莽将《周礼》中的社会政治纲领作为其新朝的模本，在4—6世纪数位非汉系君主亦以此经书作为建立新政权的蓝本 [Elman（艾尔曼）and Kern（柯马丁），eds., *Statecraft and Classical Learning: The Rituals of Zhou in East Asian History*, Boston: Brill, 2010, pp. 2 - 20]。

支持者，其中最著名的一位是古文经学家刘歆（公元前
46—23），声称这部经书是贤明的周公（约公元前 1042—
前 1036 年摄政）为"致太平之迹"而作的。[①] 此后的经学
家们如东汉的马融（79—166）、郑玄（127—200）和唐朝
的贾公彦（活跃于 7 世纪中叶）也赞同该书作者为周公。[②]
《周礼》的正统观念延续到北宋中叶，当此之时，古文经
学开始转而背离建立在传统注疏之上的语文学研究，一种
新的解经方法流行起来，即通过整体的和来自经验的阅读，
探索经文的形而上阐释及其针对社会政治实际问题的制度
应用。[③]

　　作为在此宋朝经学研究新发展趋势中开风气之先的学
者，刘敞贡献了他的《七经小传》，该书直接从经文入手，
对包括《周礼》在内的 7 部古文经典的经文进行了富有洞察
力的解读。正是在这种语境下，刘敞把古器物与经书相提并
论，试图找到礼器的意义。[④] 依据《周礼·天官》，以玉制
作（或装饰）的敦用在周王的正式庆典上，各诸侯前来参

① 此语出自马融论《周礼》，为贾公彦在序中引用。《周礼注疏·序
　周礼废兴》，见《十三经注疏》上册，中华书局，1980，第 635—
　636 页。
② 尽管自来至今《周礼》一直被认为是周公所作，但自 11 世纪下半叶开
　始，《周礼》的权威性受到了欧阳修、司马光（1019—1086）和苏辙
　（1039—1112）等人的挑战，他们指出了此书在周制内容上的一些问题
　（姚瀛艇：《宋儒关于〈周礼〉的争议》，《史学月刊》1982 年第 3 期，
　第 12—18 页）。除此之外，宋朝学者对于《周礼》中的政治理想和纲
　领如何应用于解决其当代问题也存在分歧［Bol（包弼德），"Wang
　Anshi and the Zhouli," *Statecraft and Classical Learning: The Rituals of
　Zhou in East Asian History*, Benjamin A. Elman and Martin Kern, eds.,
　pp. 229 - 251]。
③ 李觏（1009—1059）：《周礼之太平论序》，《李觏集》卷 5，中华书局，
　2011，第 67 页；Van Zoeren（范佐仁），*Poetry and Personality: Read-
　ing, Exegesis, and Hermeneutics in Traditional China*, Stanford, CA: Stan-
　ford University Press, 1991, pp. 151 - 159。
④ 姚瀛艇：《宋代文化史》，第 173—174 页。

加以示忠心和团结。玉敦用于盛牺牲的血，仪式性地宣示周天子与其政治盟友结盟；金敦则是用来盛放黍稷祭祀祖先的。①

引用礼学经文为认识伯冏敦提供了一个历史和仪礼的语境，特别是对它们功能的理解和铭文的释读。在此短文的最后部分，刘敞以一种特殊的方法破译了铭文中的名字，辨识出授权铸造此敦的人即是伯冏，西周穆王（公元前 10 世纪在位）的一位大臣。这种辨识法通过将器物与西周的特定时期联系起来，使它们具有了历史意义。这一方法让器物由名不见经传的发现变成可证明具体历史事件和人物真实性的物质证据。刘敞在关于这一对敦的短文中讨论了它们在仪礼上的用法，释读了其铭文，辨识了与之相关的历史人物。这一切都契合他在该图录序言中所提出的古器研究的目的——考订古器物的形制和功能是为了理解古代仪礼，弄懂古文字是为了正确地解读铭文，使用古器物来证明历史事件和人物。② 在刘敞看来，古器物为研究古代仪礼、语言和历史提供了途径——所有这些都是宋朝文人知识训练中的重要功课。

刘敞的图录肯定促进了对古物兴趣的传播，随之而来的是私人收藏的增多。11 世纪后半叶，宋朝士大夫收藏古工艺品的确有了一个快速的发展。③ 最令人印象深刻的收藏是由造诣极高的画家、尚古学者李公麟收集的，其包括商周青铜

---

① 玉敦的参考史料出自《周礼·周官》（《周礼注疏》卷 6，《十三经注疏》上册，第 678 页），金敦则出自不同的礼经《仪礼》，该书描述了此礼器的功能和形式以及使用它的仪礼背景。贾公彦：《仪礼注疏》卷 48，《十三经注疏》上册，第 1200 页。

② 刘敞：《公是集》卷 36。

③ 李遇孙（1765—约 1839）（《金石学录》卷 2）和陆心源（《金石学录补》卷 1）都提到 11 世纪下半叶私人收藏的突然增多。

礼器、玉饰品、马车配件以及居家用品。[①] 与他之前的尚古学者一样，李公麟也通过著述发表他的收藏。《籀史》记载了两部李的著作，一部是《考古图》，有意思的是它与吕大临的图录同名；一部是《周鉴图》。[②] 尽管这两部书皆已不存，但近年的研究通过爬梳论及李的收藏或引用他著述中的某些段落的当时文献，恢复了两书的一些内容，[③]如吕大临的图录就收列了28件李公麟的藏品并大段引用李的同名图录之文字。李的图录当时在宋朝收藏家和尚古学者中流传甚广。[④]

　　此二书拥有同一书名并非偶然。就格式而言，从12世纪中叶对此书的一个描述中可以窥见李书的版式，其揭示出这两本书结构上的相似。与吕的图录一样，李图录里的每一件器物都有画像，很可能就是藏家兼画家的李本人所绘，因为他正是以白描画技而著称；[⑤] 此外，若此器上有铭文的话，还包括一幅铭文摹本；图像之后跟着的是一篇文章，讨论器物形制和装饰、铭文、古文字的语文学溯源，以及器物在历史上的可能功用。两本

---

① 关于作为金石家的李公麟，参看瞿耆年《李伯时考古图五卷》，见《丛书集成初编》第1部（第1513册，第11—12页。——译者附注）；Harrist（韩文彬），"The Artist as Antiquarian: Li Gonglin and His Study of Early Chinese Art," *Artibus Asiae*, Vol. 55, No. 3 - 4, 1995, pp. 237 - 280；张临生：《李公麟与古器物学的发轫》，《千禧年宋代文物大展》，第19—46页。

② 瞿耆年：《籀史》，《丛书集成初编》第1513册，第11—13页。

③ Harrist（韩文彬），"The Artist as Antiquarian: Li Gonglin and His Study of Early Chinese Art," *Artibus Asiae*, Vol. 55, No. 3 - 4, 1995, pp. 237 - 280；容庚：《宋代吉金书籍述评》（1963年），《颂斋述林》，第35页；叶国良：《宋代金石学研究》，第61页；张临生：《李公麟与古器物学的发轫》，《千禧年宋代文物大展》，第19—46页。

④ 蔡绦：《铁围山丛谈》卷4，第79页。

⑤ Barnhart（班宗华），"Li Kung-Lin and the Art of Painting," *Li Kung-Lin's Classic of Filial Piety*, Richard M. Barnhart ed., New York: Metropolitan Museum of Art, 1993, pp. 18 - 19。

图录各有一篇序阐释作者的古器物研究见解，李书的结尾有一篇赞从各个方面对收藏做总结。[①] 许多现代的学者认为李图录不仅是吕同名图录的主要内容来源，也是其书结构的基础。[②]

李公麟的《周鉴图》（编撰于 1091 年），包括 15 件他断代为夏商时期的古器。[③] 在后跋中，他袒露了在写作此书前，自己倾力收集古物却没能找到足够多的来自早期历史之物的忧虑。[④] 第一条目讨论的是一把戈刃，李公麟判断它属于夏代，并阐述此物意义重大，认为它与大禹有关。禹相传是夏的建立者，也被认为是开始制造青铜器和铭文的人。虽然李公麟没能破译此铭文，但他将这些图形富于想象力的形式与关于早期汉字书写起源的神话联系起来。[⑤] 对于来自如此遥远时代的历史遗存，他觉得有一种强烈的责任感要保护它们和传扬有关它们的知识。正如他在这篇跋中所说的，"兹因彝器颇迹夏商，幸见学者，当复博见远流"。[⑥] 出于这样的

① Harrist（韩文彬）识别出翟耆年关于李公麟图录的条目中有一段话是出自李书的序（"The Artist as Antiquarian: Li Gonglin and His Study of Early Chinese Art," *Artibus Asiae*, Vol. 55, No. 3 – 4, 1995, pp. 242 – 243）。

② 容庚：《宋代吉金书籍述评》（1963 年），《颂斋述林》，第 35 页；Harrist（韩文彬），"The Artist as Antiquarian: Li Gonglin and His Study of Early Chinese Art," *Artibus Asiae*, Vol. 55, No. 3 – 4, 1995, pp. 237 – 280；张临生：《李公麟与古器物学的发轫》，《千禧年宋代文物大展》，第 19—46 页。

③ 书名中的"周鉴"即字面意思"周朝的镜子"，语出《论语》，指的是孔子认为夏朝和商朝在善的榜样和恶的教训方面都给周朝提供了借鉴。容庚：《宋代吉金书籍述评》（1963 年），《颂斋述林》，第 36 页。

④ 翟耆年：《李伯时周鉴图》一卷，《籀史》，《丛书集成初编》第 1513 册，第 12—13 页。

⑤ 此器的铭文图像保存在薛尚功的《历代钟鼎彝器款识法帖》中，显示是用战国时期的鸟书书写（薛书，于省吾本，第 1 页）。

⑥ 翟耆年：《李伯时周鉴图》一卷，《籀史》，《丛书集成初编》第 1513 册，第 12—13 页。现有版本李公麟的跋中缺了一字，然而，依据上下文可以清楚地读出此字是指古器。

信念，李公麟将这些铭文刊刻于石并陈列出来，以供公众观瞻。

李公麟的第三部著作《古器图》，显然是一卷带有白描画像和简短文字的手卷，据南宋博学的历史学家和藏书家王明清（活跃于 12 世纪中晚期）所言，他曾亲眼见过此卷轴。[①] 王赞扬线描像勾画鲜明，展现出古器的形状和装饰的精妙细节。不像李公麟的《考古图》对自己收藏的器物有详尽的描述和分析，也不像《周鉴图》主要聚焦在他认为来自夏商朝器物的铭文上，这一手卷突出展示其收藏中精选礼器的视觉特点，推测它们皆为商周时期的礼器。除了各自内容有不同侧重之外，这三部著作也展示出李公麟从事古物研究的方式和兴趣范围。他的《考古图》是一本书，在宋朝其他的尚古学者中间流通；《周鉴图》以拓本的形式呈现；《古器图》手卷则可能辗转于鉴赏家和收藏家之手，一如他们收藏鉴赏李的其他书画作品那般。李公麟学术研究内容和方式的多样性，清楚地展现了他在宋朝尚古运动中先锋性的创新作用。李的研究范围并不局限于他自己的收藏，也延展到了其他方面，丁父鬲就是一个例证。[②]

这里李公麟采用比较的视角考察该古物的器形，其特征为球形足中空相连，其他的来源中也有近似的例子。李讨论的古物除了自家收藏之外还有其他私人藏家的收藏，表明他的图录很可能写作于 11 世纪 80 年代末，彼时他任职于京城，那里聚

① 王明清（生于 1127 年）《挥麈录·余话》卷 2，第 248 页。此作品在赵明诚《金石录》中有提及，也见于《宋史·艺文志》。薛尚功在他的《历代钟鼎彝器款识法帖》中也提到它，尽管他用的词是“古器录”而非“古器图”。容庚怀疑此书与《周鉴图》是同一书，因二者卷数相同［《宋代吉金书籍述评》（1963 年），《颂斋述林》，第 35页］。然而，根据对这两本作品的描述，很明显，《周鉴图》主要是关于铭文的，而《古器图》关注的是器物的图像。不过，二者都是手卷的形式，前者是拓本，后者是带说明文的画像。

② 吕大临：《考古图》卷 2。

集着许多私人藏家。① 更重要的是，李与其他藏家的合作说明，到 11 世纪后期，系统阐述古器物的学问和研究吸引了广泛的参与。这个以李和他的尚古学者朋友为中心的学术圈子最终联合成为一个范围更广的尚古学者论坛，在之后的数十年间带来了吕大临的《考古图》和敕撰的《宣和博古图》的面世。

李公麟作为一个尚古学者在几个不同方面发挥着突出的作用。最重要的是，他的古器物命名和考订方法，将传统文献作为专门名词和解释的主要来源，构成了宋朝古器物命名学的基础。一个显见的例子是对突出的神兽饕餮的命名。在讨论庚鼎和癸鼎，考订它们的神兽纹饰时，李公麟征引了《吕氏春秋》（成书于公元前 239 年）中的一段话，即以"饕餮"一词描述见于周鼎上的有头无身的神兽纹饰。在解释此纹饰的象征意义时，他又引用了《左传》中的一段话。② 因为李的阐释，来自这些早期文献中的"饕餮"一词，从此在中国尚古学者的著述里成为这种纹饰的标准名称。它仍在今天中国的考古学中使用，与"兽面"一词相连，用来指称这种常见于商周青铜器上的神兽纹饰（图 2.5），虽然李关于此纹饰寓意的观点，即告诫不要贪婪无度，已受到现代学术界的严重质疑。③

---

① 张临生考证李的图录完成于 1088—1089 年，是依照李收藏品编年撰写的，也收录在吕大临《考古图》中（《李公麟与古器物学的发轫》，《千禧年宋代文物大展》，第 29—30 页）。

② 李公麟对庚鼎和癸鼎的讨论收录在吕大临《考古图》（卷 1）中，其中两段引文出自《左传·文公十八年》和《吕氏春秋·先识览》。关于此段的英译，参看 Knoblock，Riegel（王安国），*The Annals of Lü Buwei: A Complete Translation and Study*，Stanford，CA：Stanford University Press，2000，p.376。

③ 例如 Wang Tao 就质疑这种基于文本的对饕餮的解释（"A Textual Investigation of the *Taotie*," *The Problem of Meaning in Early Chinese Ritual Bronzes*，Roderick Whitfield ed.，London：University of London，1993，pp.102-118）。

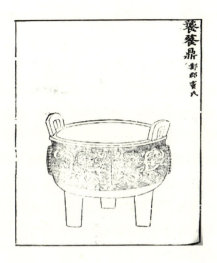

图 2.5　饕餮鼎。吕大临：《考古图》卷 1，亦政堂本，1752

不同于之前的宋朝尚古学者把焦点主要放在铭文上而多忽略古器物的物理特性，李公麟对物理形制的浓厚兴趣让他能够更恰当地理解器物的类型和性质。例如，在考订三足器丁父鬲时，李查阅了《尔雅》（约成书于公元前 3 世纪），这部最早的关于人类和自然世界事物的专门词典，传统上认为是孔子或其弟子所著。①《尔雅》中有一段话说到这类有中空粗腿的三足器名为"鬲"。② 在引用了这个定义后，李还将他收藏的丁父鬲与他人收藏的其他三个形制近似的古器做比较，指出几乎可以确定这些器物都有一个由三个中空的腿彼此相连形成的圆形肚腹。③

通过比较这些器物形制的相似性，李公麟成功地总结出

① Coblin（柯蔚南），"Erh ya（《尔雅》），" *Early Chinese Text: A Bibliographical Guide*, Michael Loewe（鲁惟一）ed., pp. 94 – 99。
② 原文为"鼎……款足者谓之鬲"。邢昺：《尔雅注疏》卷 5《释器》，《十三经注疏》下册，第 2600 页。
③ 李公麟关于鬲鼎的讨论引用了吕大临《考古图》卷 2 中的丁父鬲一条。李讨论的三鼎之一虢叔鬲也收录在此书中，另两鬲皆名为周"高鬲"，据李称皆为秘阁所藏但并未给出更多的信息。

鬲的形制特征并将其作为古物研究中的一个典型类型。李的考订对于确定这类器物的恰当名称特别有意义。既然传统经文中有关于鬲是什么样子的明确定义，那么再根据实物认识该器物形制就更清楚不过了。至少有五种不同的器物类型，按今天的分类它们被列为"鼎""卣"等，而在吕大临那部被认为是权威的图录里，均被归类成"鬲"。李公麟把注意力放在器物的实际形式特征上，并追本溯源，将它们与经书和铭文联系起来，对"鬲"这种类型做出了无可争辩的形制定义，这一点得到了有关名物的古文献以及器物铭文的强有力的支持，正如他讨论中分析的一个古器那样，器身铭文中就明确提到自身的名字叫"鬲"。[1]

李公麟也收藏和研究具有世俗功用的古器物，从而把宋朝尚古学者研究的范围从仪礼扩展到了物质文化领域。他对收藏的两件玉器的研讨显示出他对器物的兴趣已经超出了祖先崇拜和国家仪礼的范畴。李引用《诗经》（编撰于公元前11—前7世纪）中的一句诗，考订这两件玉器分别是"琫"和"珌"，是剑鞘口和末端的装饰物，如近年考古发现的出土文物所见（图 2.6 左）。[2] 李公麟想必也把其收藏的这些玉器与一些古画，如顾恺之的《列女仁智图》相比对，这幅画就描绘了贵族男子佩带的以玉装饰的剑。[3] 李指出画中的一把佩剑上就装饰着相似的玉器，用以支持他的考订。[4] 从

---

① 虢叔鬲的铭文为："虢叔作尊鬲。"吕大临：《考古图》卷 2。
② 吕大临还引用李公麟关于两件玉器的讨论（《考古图》卷 8）。
③ 据载，李公麟学画是从临摹顾恺之和其他古代大师开始的（宋徽宗：《宣和画谱》卷 7）。一个例证是李临摹的顾恺之《女史箴图》，现藏于故宫博物院。
④ Harrist（韩文彬）注意到"琫"与李公麟所指的那块玉件存在歧异，后者被李解释为剑鞘上的玉饰，而前者却是镶嵌在剑上的玉件。韩文彬认为李可能被顾的画误导了，以为"琫"是用于剑鞘而不是剑上。然而，从 15 世纪初翻印的一幅李临摹的顾画和现藏于故宫博物院的那幅宋版顾画来看，这些图像中玉饰是被正确地描绘在剑柄上的，紧挨

古代著作中获得灵感，对于玉器在古代有何用途，李给出了他的阐述（图 2.6 右）。不像之前讨论的青铜器那样，这两件玉器不见于任何仪礼文献记载中，显然它们不是特地为仪礼庆典制作的。与那些功用不同，它们代表了为贵族生产奢侈品的一面。经李公麟征引经书文献以及前代大师的劝世画进行阐释，对古代奢侈品的研究就与古代经典及道德榜样联系了起来，此二者都是宋朝尚古研究必不可少的。

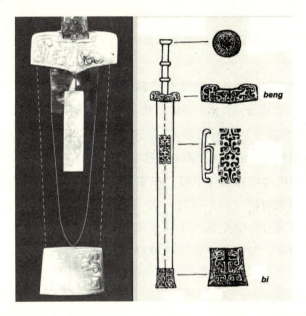

图 2.6　玉器的使用。（左）"琫"和"珌"为用于宝剑的玉饰，102 号汉墓出土，江苏扬州姚庄。古方主编《中国出土玉器全集 7》，第 86 页。（右）古剑及其玉饰画像。罗西章、罗芳贤：《古文物称谓图典》，第 332 页

着剑鞘口上方。因此，韩文彬指出的差异可能是出自李对《诗经》引文的误读，其中"琫"的位置应理解为在剑鞘口的上方，而非剑鞘上（"The Artist as Antiquarian: Li Gonglin and His Study of Early Chinese Art," *Artibus Asiae*, Vol. 55, No. 3-4, 1995, p. 264）。

李公麟还以借用古物的仪礼意义而出名。不像他的前辈如刘敞等，他们主要把古器看作追求神圣的古代知识的信息源泉，李则以不同的方式探索古器物来表达他的思想。一个例证是李的《山庄图》，它理想化地展现了李在龙眠山（在今安徽）中的退隐居所。① 画中描绘宝华岩的部分，有一只鼎被用作炊煮器具。据苏辙描写这一情景的四句诗，画中那只鼎是一件商朝青铜礼器。

> 团团宝华岩，重重荫珍木。
> 归来得商鼎，试鬻溪边绿。

学者们成功地重构了李公麟这幅画的历史语境，断定这幅作品成于 11 世纪 80 年代后期，彼时李在都城汴京（今河南开封）做宫廷画家。② 这一结论说明李作此画时正远离他在龙眠山中的退隐地，那个他常常视为真正的家的地方。苏辙此诗第三句中的"归来"一词——无疑典出传奇隐士诗人陶潜（365—427）的《归去来兮辞》，此诗表达了陶宁愿过归隐生活也不愿继续低眉折腰的官场生涯——颇具意味，显示了李在宫廷中对官场酬酢的灰心，渴望回

---

① 李此幅画作存世有 5 个不同复制本。关于此画及其复制本的详细讨论，参看 Harrist（韩文彬），*Painting and Private Life in Eleventh-Century China* Mountain Villa *by Li Gonglin*, Princeton, NJ: Princeton University Press, 1998, pp. 113 – 118。

② Harrist（韩文彬）认为此画可能作于 1086—1088 年或 1090 年初，彼时李公麟、苏辙和他哥哥苏轼都居于京城（*Painting and Private Life in Eleventh-Century China* Mountain Villa *by Li Gonglin*, pp. 27 – 30）。孔凡礼考证苏辙此诗写于 1089 年（《苏辙年谱》上册，学苑出版社，2001，第 409 页），苏轼为李此画写的跋作于 1089 年初，在苏轼离开都城之前，这年他去杭州逗留了 4 个月（《苏轼年谱》中册，中华书局，1998，第 865 页）。他们考证的这些日期表明《山庄图》创作于开封，与李公麟写作他的三部集古著述是同一时间。

到他归隐的家。① 李也在另一幅作于《山庄图》早前数月
的画中，化用陶潜《归去来兮辞》的主题意境表达隐居的
理想。②

　　"归来"一句的意思说明宝华岩部分的画境是李对归隐
山居生活的憧憬，而非描绘他离开龙眠山去京城之前的生
活。因此，合理的解释是，苏辙诗中的"商鼎"就是指李公
麟收藏的、当他最终离京回归山中隐居时将随身携带的一件
古董。③ 这一所指甚至还可以更具体一点，对比据称是最好
的传世摹本（今藏于北京）、成功地保存了李原作构图和笔
法的《山居图》中所描绘的鼎，与李在京城任职时得到的一
件商代犒赏古器——癸鼎的现存画像，可见二者在形状和纹
饰上的相似（图 2.7）。④ 两幅画像都描绘了一个圆身三足器
皿，器身从中到下部装饰有一圈平行的三角形图案，上方
有两层窄窄的饕餮纹饰。这种相似性表明李在画《山庄图》
场景时脑子里想到了癸鼎。

　　李的画作和苏辙的诗乍看好像是渎圣的——古器原本

① 韩文彬充分探究了李《山庄图》和其他的北宋士大夫园林中展示的隐
居生活及家居景观所代表的思想观念（*Painting and Private Life in Elev-
enth-Century China* Mountain Villa *by Li Gonglin*, pp. 46 - 66）。
② 苏轼分别于 1088 年末和 1089 年初为李公麟所绘的《归去来兮图》和
《山庄图》作跋（孔凡礼：《苏轼年谱》中册，第 840、865 页）。李
《归去来兮图》一画的细节保存在一幅后世的复制品中，现藏于华盛
顿特区的弗里尔画廊（Elizabeth Brotherton, "Beyond the Written Word:
Li Gonglin's Illustrations to Tao Yuanming's *Returning Home*," *Artibus Asiae*,
Vol. 59, No. 3/4, 2000, pp. 225 - 263）。
③ 韩文彬对此有不同解读，认为苏辙此四句诗中第三句指的是在李公麟
龙眠山庄发现的一件古器（"The Artist as Antiquarian: Li Gonglin and
His Study of Early Chinese Art," *Artibus Asiae*, Vol. 55, No. 3 - 4, 1995,
p. 240）。
④ Harrist（韩文彬）, *Painting and Private Life in Eleventh-Century China*,
Mountain Villa *by Li Gonglin*, pp. 114 - 116。这件商鼎后来进入了宋徽
宗的皇家收藏中，很突出地被收录进那部皇家图录的开头一章（《宣
和重修博古图录》卷 1）。

图 2.7 （左）临李公麟《山庄图》细节，可见一只古鼎被用来烹饪，水墨纸本，高 29 厘米。北京：故宫博物院。（右）癸鼎。吕大临：《考古图》卷 1，亦政堂本，1752

是用来祭祀祖先的，却在宋朝被降格为尘俗炊具。没有任何证据显示李的确将癸鼎或他收藏的其他古器作烹煮等日常用途。也许他描绘的场景只是他身为画家兼收藏家逸兴遄飞的奇幻想象。然而，这样的描绘代表着一种看待古代的态度，与刘敞在他的《先秦图》里所表达的有着根本的不同。古器被刘敞视为他做学问的材料，借助它们可以正确地理解和重构神圣的古代。随着一些主要的尚古著述，如吕大临《考古图》和赵明诚《金石录》的广为刊刻，刘敞的方法在宋朝士大夫文人圈中被奉为圭臬，要求人们把古器物看作全面理解古代的媒介，必须与尘俗日常区分开来。一个著名的例证见于赵明诚书后序中一段沉痛的话，此序出自他的妻子、才华横溢而命运多舛的女词人李清照（1084—1155 年之后），她在赵故去后千辛万苦地带着他的大量收藏逃离金朝占领的地方。在这篇忆旧文中她满怀爱意地赞扬赵对嗜古之投入，也微妙地议论到把神圣的古代与俗世日常严格分开带来了怎样的痛苦和懊恼。①

　　以刘和赵给尚古立下的严格规矩衡量，李公麟算不算一个古代崇拜的离经叛道者？如果我们翻阅保存在吕图录里的李的著述，看到的是一个恪守传统的李公麟，追随其前辈的正统模式从历史学、语言学和礼学上考订古器物的意义。而在《山庄图》里，士大夫们痴迷于古器物的活动被描绘在鲜活的场景中，一群学者在举行一场雅集，作为研究主题的古器被放置在中央（图2.8）。② 主持雅集的是右首那位行家，也许就是李公麟本人，他正凝神注视着古器，沉思着关于它的复杂问题。画中描绘的这场户外雅集所充满的勃勃生气，不仅从参与者专心学问的神态中散发出来，更呈现在巉岩危耸和草木青翠环绕的生机盎然的大自然中。李有意识地把人类活动和大自然结合在一起，拥抱古代融入日常生活的可能性。他打破这些藩篱的意图微妙地见诸与户外雅集平行的一个场景中：三个仆从正忙着准备吃的喝的，供文人学者们在雅集之后享用。我们看见画中一件古代礼器被用在烹饪这种俗事上。一件古器在日常做饭中使用，截然不同于它在古代用于荐享祖先的典礼上。通过描绘一件古器在日常中的使用，李公麟借用了器皿所承载的仪式意义来表明他理想的退隐生活方式。因此，画中古器貌似渎圣的画法不被看作离经叛道，恰恰相反，把古器当作一种神圣的仪式象征，并非贬低它，而是致敬它。

---

① 李清照：《金石录后序》，见赵明诚《金石录》（金文明校证《金石录校证》，第531—535页）。关于李清照和赵明诚对"古"的不同看法的分析，参看 Owen（宇文所安），"The Snares of Memory," *Remembrances: The Experience of the Past in Classical Chinese Literature*, Cambridge, MA: Harvard University Press, 1986, pp. 80 - 98。

② Harrist（韩文彬），"The Artist as Antiquarian: Li Gonglin and His Study of Early Chinese Art," *Artibus Asiae*, Vol. 55, No. 3 - 4, 1995, p. 240。

**图 2.8　临李公麟《山庄图》细节，可见一群人聚赏一件古器；
纸本水墨，高 29 厘米，北京：故宫博物院**

结　语

　　11 世纪末，宋朝开始了一个崇古时代。朝廷从古代器物上寻找适当的国家礼制范式，士大夫们则把古器知识看作必不可少的学问素养。许多人把古器当作体验理想生活方式的媒介，因而国家和私人都致力于收藏古董。由于有出大价钱购求古器的买家，于是在京师这种藏家云集的地方形成了一个个古物市场网络。① 收藏家不必再到古器最初出土的地点收购，取而代之的是，器物被送到市场等候买家，甚或直接送到藏家那里。② 古器收藏图录已经形成一种形式和内容都有既定格式的体裁，而且，尚古学者的著述也成为一个增进学问的共同论坛。类似 1053 年那场群臣观鉴古物的盛事，也渐渐在私家场合变得普遍，见诸像李公麟及其朋友们这样

---

① 当时最著名的古玩市场在汴京的大相国寺附近。参看李清照《金石录后序》，金文明校证《金石录校证》，第 531 页。
② 李公麟曾有一次在路边遇到了向他兜售的古玉商（苏轼：《洗玉池铭》，孔凡礼点校《苏轼文集》卷 19，中华书局，2004，第 564 页）。

的私人藏家之间的互动中。①

　　对古代礼器的兴趣带来了几部重要著作的出版，其中就有对后世影响深远的吕大临的《考古图》。这些著作代表着对古代和古物有着共同兴趣的宋朝学者们协作努力的成果。②循着李公麟图录的前例，吕大临图录中每件器物都有一幅呈现其外形和纹饰的线描画像，以及一篇分析其历史背景和仪礼功能的文论。③尽管早在 8 世纪仪礼手册中就已经使用图画，但在宋朝尚古学者著作里的图，如李和吕的图录，都是照着实物描绘的；它们不同于传统的仪礼手册，如《三礼图》那样只是将见诸礼经注疏里的模糊难解的文本描述视觉化。除了线描图外，若有可取的信息，吕大临还会详细记录每件器物的大小及发现的地点和日期。正如有学者指出的，这种前所未有的对物理特性和背景信息的兴趣，促使尚古运动获得了两方面的重大进展。④ 首先是古器物的命名。通过观察单个器物的外形特征，比较器形和纹饰近似的多个标

---

① 韩文彬认为，在李公麟的退隐居所的闲适环境中，一群人相聚观赏一件古器或许正是《山庄图》所要呈现的主题（"The Artist as Antiquarian: Li Gonglin and His Study of Early Chinese Art," *Artibus Asiae*, Vol. 55, No. 3–4, 1995, p. 240）。

② 张光直指出吕大临和刘敞都认为古器对于了解古代风俗是至关重要的（"Archaeology and Chinese Historiography," *World Archaeology*, Vol. 13, No. 2, 1968, pp. 156–169）。参见陈云倩，"Cataloguing Antiquity: A Comparative Study of the *Kaogu tu* and *Bogu tu*," *Reinventing the Past: Archaism and Antiquarianism in Chinese Art and Visual Culture*, Wu Hung ed., pp. 202–207。

③ 关于吕大临《考古图》结构的描述，参看容庚《宋代吉金书籍述评》（1963 年），《颂斋述林》，第 3—6 页；陈云倩，"Cataloguing Antiquity: A Comparative Study of the *Kaogu tu* and *Bogu tu*," *Reinventing the Past: Archaism and Antiquarianism in Chinese Art and Visual Culture*, Wu Hung ed., pp. 207–211。

④ 张光直，"Archaeology and Chinese Historiography," *World Archaeology*, Vol. 13, No. 2, 1968, pp. 160–161; Rudolph, "Preliminary Notes on Sung Archaeology," *Journal of Asian Studies*, Vol. 22, 1963, pp. 169–177.

本，尚古学者们建立起一套基于实物客观考察的分类体系。此外，他们还交叉考订文字资料，特别是在器物身上发现的铭文和有关仪礼制度的历史文献，找寻这些器物在古代的名称。作为这些努力成果的命名学，不仅仅是一套分类的命名体系，更重要的是，它以古人的视角重建了名物学。

第二个方面的进展是赋予古器物历史意义。不同于11世纪中叶之前占据主导地位的观念，即把古器物视为对社会政治事务具有某种抽象意义的预兆之物，宋朝尚古学者们把这些古董看作可以从中汲取有关古代信息的遗存。记录器物出土地点及断代是必要的，因为一件器物出现的原始时间和地点构成了它所提供的一切信息的历史语境。古器物也被用于历史考据，如形制特点、铭文以及发掘地点等，都为有关古代历法、仪礼名称、书写乃至器物自身断代的讨论提供了信息。吕大临的《考古图》不仅提出了一套研究古器物的体例，而且凸显了中国人的古代概念的变化，从基于文本到基于器物。对历史意义的关注反映了宋朝知识界对流传下来的史书和经书中常见的问题——窜入歧义和舛误的普遍忧虑。①

古器物上发现的铭文给流传的文献提供了另一种可供选择的来源，使将当代的经典文献与古代物质资料进行交叉考订成为可能。即使古器物上的文字通常太短或太古奥，以至于没法为现存文献提供有意义的比较，宋朝尚古学者如欧阳修和赵明诚等人仍坚定地相信古代曾存在一个真实的未败坏的文化源头，而被后世普遍接受的传统则不过是次之且有所

---

① 然而，在朝廷以古器为标本复兴国家仪礼的尝试中，看不到对历史的关注。例如，所有古器的来源地在宋徽宗的《宣和重修博古图录》中一律被略去。这是因为对于宋朝廷来说，古器更重要的意义是古代施政理想的承载物而非历史的物质证据。陈云倩，"Cataloguing Antiquity: A Comparative Study of the *Kaogu tu* and *Bogu tu*," *Reinventing the Past: Archaism and Antiquarianism in Chinese Art and Visual Culture*, Wu Hung ed., pp. 218 – 225。

乖离的版本。

　　除了从人文的和历史的途径去了解古代，他们对古代也有人类学方面的兴趣，这点尤其体现在李公麟收藏的日用什物上。这种兴趣表明他们对古物的认知与刘敞所阐述的有根本不同。刘敞在他的《先秦图》序中列出了他探寻古董的三个目的：考订古器的形制、纹饰和功能以增进对古代仪礼制度的理解；分析铭文的语文学特征，增强读解古文的能力；交叉考订流传的史籍与铭文以考证诸如古代执政君主的继嗣世系等史实。在刘的观念里，古物为研究仪礼、语文学和历史提供了真实的材料，所有这些都是士大夫必需的训练功课。换言之，一个人必须从事古物研究才能形成士大夫的素养。李公麟古物研究的实用主义方法则强调的是对古物的心理体验。吕大临图录里所保存的一些李公麟书中的片段，显示他的确是听从刘敞的教导为求知的目的而搜求古物的。

　　然而，李公麟也把好古融入他的日常生活中，以古人对待古物的方式对待它们。如果在刘的观念里，古物是认识理想的人类世界的可靠资源，那么对于李公麟来说，它也是一种理想的生活方式。他渴望像古人那样生活，这体现在他人生最后的一件事上：他把一件古玉带进了自己的坟墓。在墓中放置玉的做法已经被现代考古学所证实，也在有关仪礼的儒家经典中有详细的记载，宋朝的士大夫们应该能从中了解到这种做法，而李公麟是少有的将这种做法付诸实践的个人。

第三章　仿古器和宋朝的物质文化

通过古代文物的大量聚积以及对如此大体量古物孜孜不倦地研究理解与系统分类，好古的需求在宋朝中晚期催生出门类广泛的文化产品。随着尚古学者著述的传播，受士大夫品味的影响，对古风和古物的爱好从高层精英蔓延到低阶官员乃至地方士绅。虽然平民百姓很少能接触到来自上古中国的古董实物，关于它们的知识和趣味却成为一种文化认同的基本元素。结果就是，这些知识趣味以及公开表现它们的愿望推动了新的文化实践在宋朝社会的各个层面开展起来。

在国家层面，朝廷急于以古器为标本重新设计全套仪礼器具，并将其用于基于古代理想进行的国家礼制改革实践中。在私人层面，家礼和葬礼的仪式也受好古意识的启示而产生变化，展现出受崇古思想和美学影响的新文化认同及品味。这些文化活动不仅为社会各阶层的人们提供了展示其好古趣味和知识的途径，也催生出数量巨大的仿古器，字面意思即"模仿古物的器具"。这些仿古器物通常呈现袭用古代原型或从中汲取灵感并融合当代语境图案的形制特征，[①] 它们最终获得一种集体身

---

① 中国传统文化里的仿古实践涉及范围很广，从古代纹饰的直接借用到参考古物的图像创造。这种实践的包容性使中国传统艺术具有了多元的创造力。Powers（包华石），"Imitation and Reference in China's Pictorial Tradition," *Reinventing the Past: Archaism and Antiquarianism in Chinese Art and Visual Culture*, Wu Hung ed., pp. 103 – 126。

份，类似于它们的古代原型，成为特定社会人群的文化印
记。这些通常拥有很高市场价值的器物及它们附带的意义，
最终使宋朝文化精英与追风的普通大众之间的分野被重新
定义。

　　这些仿古器物制作于 12 至 13 世纪，展现出与宋朝尚古
运动早期那些重要古物的亲缘关系。它们产生于对青铜礼器
和纪念石刻形式的借用，此二者正是宋朝尚古学者收藏和研
究的重要古物。尚古运动在 11 世纪末 12 世纪初达到了一个
关键节点。主要的尚古学者著述如欧阳修的《集古录跋尾》
和吕大临的《考古图》俱已出版并在尚古学者之间广为流
传。收藏古青铜礼器或古石刻拓片成为士大夫们的普遍爱
好，宋徽宗对古物表现出的热情又让整个社会的尚古兴趣进
一步高涨，因此，最早的宋朝仿古器出现在这一时期并非偶
然。在宋徽宗的国家礼制改革中，制造了令人印象深刻的仿
古礼器（最著名的是大晟编钟），古物的形制与政治仪礼及
文化权威性密不可分。[①]

　　然而，在 12 世纪最初的 20 多年间，古物形制的意象
逐渐与它们特定的仪礼意义相分离，被应用于各种各样的
祭祀和日常性场景中。虽然一些早期的宋朝仿古器的样式
仍呈现出受上古器物形制的影响，但许多后来的仿品则是
多种跨媒介、跨形制转化的结果，特别是那些跨越了青铜
器、陶瓷和碑石，以及文献、图像和器物界限的仿品。制
造仿古器方式的多样化，表明南宋社会对待古物意象的态
度的变化，也反映出生产和应用这些器物的社会文化背景愈
加复杂化。

---

　① 陈芳妹：《宋古器物学的兴起与宋仿古铜器》，《美术史研究集刊》第
　　10 期，2001 年，第 55—82 页；Ebrey（伊沛霞），"Replicating Zhou
　　Bells at the Northern Song Court," *Reinventing the Past: Archaism and Anti-
　　quarianism in Chinese Art and Visual Culture*, Wu Hung ed., pp. 179 - 199。

复制古物的三种模式

自 12 世纪初开始，宋朝尚古学者就表现出了无止境地收藏古物和著述的冲动。种类繁多的仿古器物的出现表明，通过物质生产，宋朝社会各阶层人群以各种不同的方式积极参与到仿古活动中来，从现存的仿古器例证中可以看出这些器物的制作有三种突出的模式。

第一种是全盘仿效古器物。以这种模式生产的器物在形制特征和仪礼功能上紧跟它们的古代标本，因此通常很容易就能识别出其模仿的是哪个标本。这种直接模仿的典型例子就是政和鼎，铸造于政和六年（1116）（图 3.1）。[1] 它的正面颇具戏剧性的图案是一个贪吃的神兽纹饰，自宋朝以后被称为"饕餮"，几乎可以断定它就是收录在敕撰《宣和博古图》中的商代饕餮鼎上的纹饰（商象形饕餮鼎，图 3.2）。[2] 这两件器物不仅形制相同，而且尺寸也相同。[3] 至于它们的仪礼功能，都是在祭祀仪式上盛放献给祖先的祭品。通过对形制和功能的全面模仿，仿古器形制和装饰上的精密度和精准性往往可与它们的古代原型媲美。这意味着它们也被用于与其原型的仪礼语境相似的仪典上。这些仿古器"再现"

---

① 政和鼎有两件，一件藏于北京的中国国家博物馆，一件藏于台北"故宫博物院"。

② "饕餮"是中国神话中一种贪吃怪兽的名称，首次被李公麟用作常见于商周青铜礼器上的兽面图案的名称，寓意为警诫贪婪。Harrist（韩文彬），"The Artist as Antiquarian: Li Gonglin and His Study of Early Chinese Art," *Artibus Asiae*, Vol. 55, No. 3 – 4, 1995, pp. 244 – 245；宋徽宗敕撰《宣和博古图》卷 1。

③ 据《宣和博古图》，此商代饕餮鼎（包括耳柄）高 7.4 寸，据宋代长度标准度量，则为 23—23.5 厘米（郭正忠：《三至十四世纪中国的权衡度量》，中国社会科学出版社，1993、2008，第 260—261 页），此高度恰与政和鼎的 23 厘米相等（《千禧年宋代文物大展》，第 413 页）。

（reenacted）古物的式样和用途，目的是满足当代的需要。①

图 3.1　政和鼎，1116，青铜，高 23 厘米。《千禧年宋代文物大展》，第 100 页

图 3.2　商饕餮鼎，商代晚期（约公元前 1200—前 1100）。《宣和博古图》卷 1，至大本，14 世纪

　　第二种制作模式颇为重要，因为它们借用了形制的符号意义。从这类宋朝仿古器上能看到古器物的形制特征，

① 　Rawson（罗森），"Novelties in Antiquarian Revivals: The Case of the Chinese Bronzes,"《故宫学术季刊》第 22 卷第 1 期，2004 年，pp. 1 – 24.

但它们不是完全复制。从它们选用的形制特征能清晰地辨认出其借用的原型，而由古代意象所唤起的仪礼意义则与它的原型相似。所选的形制成为与古代原型相关联的意义象征，很容易在不同语境中流传开来。因此这种宋朝仿古器通常见于仪礼场合，如墓地等需要类似象征的场所就不足为奇了。浙江衢州出土了一件此类宋器。[①] 这面铜镜的形状像一个鼎，圆形轮廓让人想到圆身三足鼎，顶部两个角形的圆环显然是耳，底部有两个三角形的突出代表鼎的足（图3.3）。它的整个外形令人联想到一种古代礼器，由此，这面铜镜就从一件日常用品变成了具有古典象征意义的器皿了。

**图3.3　浙江衢州史绳祖墓出土的铜镜，1274，青铜，高13厘米。
《浙江衢州市南宋墓出土器物》，《考古》1983年
第11期，图版7，图3**

第三种制作模式专注于采用礼器原型上的古纹样作装饰。通过使用夸张及合成等手法，古纹饰与宋朝当时的视觉词汇融合在一起，同时又带有中国式的怀古情调。在宋朝仿古器上，古纹饰常与其他各种传统纹饰结合，最常见的是中

① 《浙江衢州市南宋墓出土器物》，《考古》1983年第11期，第1004—1011、1018页。

国神话故事和风景画等并用。① 四川江油出土的南宋铜甗就是这种兼容并包装饰的一个极好例证（图 3.4）。② 与它的古器原型一样，这件大型的青铜甗原本由上下两部分组成，但只有上半部分保存了下来。它的纹饰和凸起的装饰物都能从古器物上找到原型。器身两边靠近上口沿处有两个向上伸出的方把手；这两个把手的正下方，另有两个弯曲的、顶部装饰着带角兽头、各挂着一个活动圆环的把手。方形和弯曲的把手都可见于商周青铜礼器上，但它们从没有出现在同一件器物上。然而，在这件南宋甗上，这两种古式把手毫无必要地用在了一起，而且尺寸更大、形状更夸张，由此产生了一个颇具辨识度的古代原型的宋朝夸张版本。

图 3.4　江油出土的双层甗上半部，四川，12 世纪晚期，青铜，高 32.5 厘米。作者摄

　　器身中部有一道宽宽的饰带覆盖了大部分表面，装饰有几排圆凸点，其灵感显然来自古原型的"乳钉纹"。在

① Watson, "On Some Categories of Archaism in Chinese Bronze," *Ars Orientalis*, Vol. 9, 1973, pp. 1–13.

② 《江油发现精美宋代窖藏铜器》，《四川文物》2004 年第 4 期，第 8—9 页。此件甗原高似超过 70 厘米，与它一起出土的还有两件精心设计的仿古铜瓶，这三件器物可能是被用作一套供桌用具陪葬的。

两组"乳钉纹"之间是四个大括弧形①饰边的浅浮雕图案，表现的是一个带翼的半鱼半龙的神话动物正施展威力去抓取右上方风景画中雄伟群山之巅上的一颗珍珠，左下方则是波浪翻滚（图3.5）。这一主图案中的纹饰被称作摩羯纹②，即中文翻译为"马卡拉"（Makara）的印度神话里的半兽半鱼的水中怪兽。③ 随着佛教在中国的传播，这个印度水兽变成了一个乐善好施的佛教神兽，在隋唐之际流行开来，最终在中国鱼化龙的传说中，与民间传说中的鱼龙合体，亦为水中神兽的中国龙融合。④

图3.5　江油出土双层甗上半部线描图，四川。《江油发现精美宋代窖藏铜器》，《四川文物》2004年第4期，第9页，图2

有学者指出，11世纪早期，摩羯已经被描绘成一种龙头

---

① 相关发掘报告称之为菱花形。——译者注

② 相关发掘报告称之为夔龙。——译者注

③ 岑蕊：《摩羯纹考略》，《文物》1983年第10期，第78—80、85页。

④ 谷莉：《宋辽夏金时期摩羯纹装饰与造型考》，《文艺研究》2013年第12期，第170—171页。摩羯纹饰与鲤鱼跳龙门化身为龙的传说有关，在有关宋朝物质文化的学术研究中，此纹饰也被称为"鱼化龙"。夏鼐认为摩羯的原型是在西夏早期随西方黄道十二宫星座传进来的，而黄道十二宫的汉化可追溯到唐朝（《从宣化辽墓的星图论二十八宿和黄道十二宫》，《考古学报》1976年第2期，第15—56页）。（查夏鼐此文第52—53页，认为西方黄道十二宫星座至迟在隋代传入中国。——译者附注）

鱼尾的带翼神兽。① 整个宋朝，这个鱼龙合体的神物作为象征高升和财运的吉祥符号处处可见，② 经常被描绘为在涡卷状的波涛中嬉戏，或口衔一颗珍珠，这一流行形象可见于铜镜等日常用品中（图 3.6）。③ 这一幻想中的神兽周围环绕着诸如"乳钉纹"和弯曲的兽头把手等古风纹饰，置身于一片中式风景中，并框在商周式青铜甗上常有的华美饰边里，显得分外突出。古代正统礼器纹饰与来自异教的当代流行文化

图 3.6 鱼化龙纹饰长柄镜，金代，青铜，高 23.5 厘米，宽 11.5 厘米，厚 0.9 厘米。观复博物馆④

---

① 摩羯纹的一个例证发现于敦煌第 61 窟，其为黄道十二星座之一，绘于西夏时期（1035—1227）（按，李元昊于 1038 年称帝建国。——译者附注）。敦煌研究院主编《敦煌石窟全集》第 23 卷，香港：商务印书馆，1999—2001，第 20—22 页。

② 谷莉：《宋辽夏金时期摩羯纹装饰与造型考》，《文艺研究》2013 年第 12 期，第 171 页。

③ 装饰着飞翔云端或游弋水中的摩羯纹的宋金时期铜镜多有发现（河北省文物研究所主编《历代铜镜纹饰》，河北美术出版社，1996，图 316；管维良：《中国铜镜史》，群言出版社，2013，第 285 页，图 479）；摩羯纹也见于河南耀州（耀州在今陕西，但宋朝河南一些州也出产耀州瓷。——译者附注）出产的瓷器上，常结合其他的吉祥图案，如嬉戏的童子等（谷莉：《宋辽夏金时期摩羯纹装饰与造型考》，《文艺研究》2013 年第 12 期，第 171 页）。

④ 该馆设在北京，上海、天津、杭州、厦门亦设有地方分馆。——译者注

吉祥符号并用，表明中国古代的纹饰也可以为世俗用途所采借，尤其是用于增加视觉和美学的吸引力。这也显示出中式仿古器物具有某种超越政治理想主义意识形态的弹性。

宋朝仿古器这三种制作模式分别代表了两种十分不同的古为今用的方式。第一种模式有利于通过制造仿古器恢复古礼的政治宣传作用，是必不可少的。第二、第三种模式常见于仪礼场合，有助于借复古为人们创造文化身份认同和审美体验。

通过模仿而复古

大量研究表明，直接模仿古礼器形式和内容的宋朝仿古器是试图恢复古式礼制的结果。[1] 因此，在宋朝礼制改革的历史语境下考察这些器物，对于我们理解它们的形制特征与仪礼功能的关系是十分重要的。最好的仿古器都制作于宋徽宗在位时期，他是宋朝最热心的古物收藏家。他下令仿造的礼器中，有一套编钟（初名为大晟编钟）保存了下来，这是第一套依照宋徽宗对合宜的国家礼仪的想象而制造的作品（图3.7）。[2]

这套编钟铸造于1105年，用来演奏新作的仪礼乐曲，也被用来确定标准音高。据称它们是依古法而造的，即以皇

---

[1] 张临生（Chang Lin-sheng），"The Wen-wang *Fang-ting* and Chung-chü-fu *Kuei*: A Study of Archaistic Bronzes in the National Palace Museum," *The National Palace Museum Bulletin*, Vol. 34, No. 5, 1999, pp. 1 – 20; Vol. 34, No. 6, 2000, pp. 21 – 36；陈芳妹：《追三代于鼎彝之间——宋代从"考古"到"玩古"的转变》，《故宫学术季刊》第23卷第1期，2005年，第267—332页。

[2] Ebrey（伊沛霞），"Replicating Zhou Bells at the Northern Song Court," *Reinventing the Past: Archaism and Antiquarianism in Chinese Art and Visual Culture*, Wu Hung ed., pp. 179 – 99. 关于现存的大晟编钟一览目录，参见陈梦家《宋大晟编钟考述》，《文物》1964年第2期；李幼平《大晟钟与宋代黄钟标准音高研究》，上海音乐学院出版社，2004；陈芳妹《宋古器物学的兴起与宋仿古铜器》，《美术史研究集刊》第10期，2001年，第37—160页。

图 3.7　大晟"南吕中声"编钟，1105，青铜，高 28 厘米，
口径 18.4 厘米×15 厘米（厚 0.7 厘米——译者
注）。沈阳：辽宁省博物馆。杨仁恺：《辽宁省
博物馆藏宝录》，第 23 页

帝的五指长度来定五音律管的长度。[1] 宋徽宗坚信礼乐改制
采用的这一不同寻常的方法是由黄帝传下来的，黄帝亦即传
统史书传说中最早的古代圣君。新的音准乐声和美，徽宗龙
颜大悦，深信自己已经恢复了古代圣君采用过的真正礼乐。
翩然而至、闻乐起舞的仙鹤进一步证实了他的成功，此祥瑞
被一再记载于宋朝官方的文献中。[2] 这一壮观场面也呈现在
《瑞鹤图》中，此画为徽宗本人所作，画中 20 只白鹤回翔在
宫殿南门之上，金色祥云舒卷环绕。[3] 在此宫门演奏的礼乐庄

---

① 道士魏汉津引用了一种方法来确定音高标准，即以宋徽宗的中指长度
定宫音律管长度，无名指定商音，食指定角音，拇指定徵音，小指定
羽音。关于铸造大晟编钟的历史记述，参看杨仲良（12 世纪晚期—13
世纪早期）：《皇宋通鉴长编纪事本末》（初版于 1253 年）卷 135。

② 据纪念新乐和新乐器完成的文章《大晟乐记》所载，宋徽宗宣称新乐
演奏时，群鹤翩跹而至（杨仲良：《皇宋通鉴长编纪事本末》卷 135）。
Sturman（石慢），"Cranes above Kaifeng：The Auspicious Image at the
Court of Huizong," *Ars Orientalis*, Vol. 20, 1990, pp. 51 - 76。

③ 据对《瑞鹤图》题词的考证，此事发生在端门，即皇宫的南门，时值
1112 年元宵节之次晚。此题词的英译参看 Sturman（石慢），"Cranes a-
bove Kaifeng：The Auspicious Image at the Court of Huizong," *Ars Oriental-
is*, Vol. 20, 1990, p. 33。

严和谐，通过群鹤优雅而颇有设计感的飞舞队形图像化地展现出来。画上的皇帝题词记述了这一令人敬畏的景象，被称为"长生鸟"（immortal birds）的仙鹤出现显然是天降祥瑞。①

不仅音乐主旋律要按古代标准详定，而且大晟编钟的形制和装饰也要严格依照古器原型。有关礼乐编钟的正确形制在整个 11 世纪一直处于宋朝廷上的争议之中。② 在宋仁宗皇祐年间（1049—1053）的仪礼改制中，人们注意到当朝使用的编钟与古钟大小不同。③ 1063 年，欧阳修评论当朝的圆编钟与古时的椭圆编钟不同，他认为后者更为正统。④ 元祐年间（1086—1093）学者们注意到古编钟同一套钟的尺寸是渐次递减的，而当朝编钟的大小都相同，因此当朝编钟被诟病背离了古钟原型所显示的样式规制。⑤ 至 11 世纪末，宋朝礼制改革者已经采用古钟为标本来厘定当朝礼乐编钟的规制了。

1104 年，一套六件的周朝宋公经钟（以下简称经钟，图 3.8）在应天府（今河南商丘）出土，它们立即被送到朝廷用作铸造新编钟的重要参考。⑥ 经钟与随后铸造的大晟编钟之间的密切关系清楚地呈现在二者形制的相似性上。其相似性的最重要一点是，二者都属于镈钟——一种重要的青铜

---

① 此《瑞鹤图》是宋徽宗一组画中的一幅，是对这场宫廷盛事的纪实描绘，也蕴含着对天意的理想化解释。Sturman（石慢），"Cranes above Kaifeng: The Auspicious Image at the Court of Huizong," *Ars Orientalis*, Vol. 20, 1990, pp. 34 – 37。

② 杨仲良：《皇宋通鉴长编纪事本末》卷 31、80；Ebrey（伊沛霞），"Replicating Zhou Bells at the Northern Song Court," *Reinventing the Past: Archaism and Antiquarianism in Chinese Art and Visual Culture*, Wu Hung ed., pp. 183 – 186。

③ 杨仲良：《皇宋通鉴长编纪事本末》卷 31。

④ 欧阳修：《集古录》卷 1。

⑤ 脱脱等：《宋史》卷 128。

⑥ 宋徽宗敕撰《宣和博古图》卷 22。这些编钟的发现见载于赵九成的《续考古图》卷 4。

编钟类型，特点是底部齐平口，顶部有繁复精细的透雕装饰。[①] 选择镈钟作为皇家编钟形制颇为玄妙。皇家收藏的古编钟多数属于甬钟，即礼乐编钟的另一种主要类型。这类编钟不是平齐口，而是弯口，钟身两边向下尖突。镈钟装饰华丽的挂钮直立在顶部，让镈钟可以垂直悬挂；与之不同，甬钟顶部是一侧带有吊环的柱形附件，让钟挂在演奏架上时保持倾斜（图 3.9）。《宣和博古图》所列的 11 套四件或以上编钟中，只有两套镈钟，其中一套就是经钟，其余的都是甬钟。[②] 宋朝廷选择镈钟，而不是更为普遍的甬钟作为制造新礼乐编钟的范模，对此选择需要做进一步考察，尤其要考虑到 1104 年经钟的发现对朝廷的重大意义。

图 3.8　周宋公经钟。《宣和博古图》卷 22，亦政堂本，1752

经钟刚一发现，立刻就被作为"符瑞"（auspicious sings）

---

① Von Falkenhausen（罗泰），*Suspended Music: Chime Bells in the Culture of Bronze Age China*，Berkeley：University of California Press，1993，pp. 67 - 72，175 - 189。

② 宋徽宗敕撰《宣和博古图》卷 22—25。另一套镈钟是周辟邪钟，此钟无铭文（卷 25）。

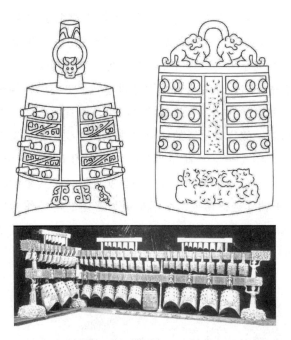

图 3.9 （上左）甬钟标准样式，（上右）镈钟标准样式。罗西章、罗芳贤：《古文物称谓图典》，第 267—268 页。（下）悬挂的甬钟和一个镈钟，曾侯乙墓出土，公元前 5 世纪晚期。湖北省博物馆编《曾侯乙墓文物艺术》，第 8—9 页

献给宋朝廷。① 符瑞的说法一定深得宋徽宗的欢心，于是立刻成为官方的解释。② 就朝廷而言，古钟的符瑞意义是无可争议的，原因有几个：首先，经钟与宋朝的建立有着历史的和地理的联系，它们发现的地点位于历史上的宋国，此国建立于周朝早期（公元前 11 世纪中叶），本朝大宋就是以这个古国为国号的。③ 此外，经钟与宋王朝的历史地理关系被钟上发现的铭文进一步确定。铭文曰"宋公成经钟"，说明这

---

① 赵九成：《续考古图》卷 4。这套钟也被称为"朝廷符瑞"。

② 宋徽宗敕撰《宣和博古图》卷 22。

③ 此钟发现地点的象征意义也在宋徽宗御撰的《大晟乐记》中被认可（杨仲良：《皇宋通鉴长编纪事本末》卷 135）。

套编钟曾属于古宋国国君。① 此套编钟发现时正值宋朝礼乐改制的高潮，正狂热地进行着新编钟的制造。② 镌刻有王朝国号的古编钟出现，朝野上下普遍相信这是上天对于大张旗鼓的改革努力的肯定回应。这古钟被当作制作新乐器的神示，这在徽宗纪念此事的制书中有所阐明："宋成公之英华，出于授命之邦，得其制作范模之度，协于朕志。"③

或许宋朝廷把经钟作为新编钟范本，最重要的原因是这套古钟被认为与古代圣王演奏的音乐有着某种直接联系。《宣和博古图》中有关经钟的论述阐释道，此钟是直接从商王室传下来的，宋成公继承的是先圣王的礼乐。④ 宫廷学者董逌也表达过近似的看法，作为古物专家，他也是宋朝礼乐改制的一位主要顾问。⑤ 董逌进一步提出，钟上所铸铭文中的"经"字是"茎"字的通假，指的是"六茎"，它是上古传说中的三皇五帝之一颛顼的音乐。⑥ 宋朝的改制者们相信，这些古乐器真的曾被成公用来演奏他从颛顼帝那里继承的经

---

① 宋徽宗敕撰《宣和博古图》卷22。尽管推测了几位名"成"的人可能是这位宋国国君，但宋朝的礼制改革者并未明确哪位是铭文中提到的国君。但公元前7世纪末有位宋国国君庙号即为"成"〔Loewe（鲁惟一）and Shaughnessy（夏含夷），eds., *The Cambridge History of Ancient China：From the Origins of Civilization to 221 B. C.*, p. 26〕，按这位宋国公生卒年代，经钟断代应为春秋时期，这也与此钟的风格特征相吻合。

② 脱脱等：《宋史》卷128—129；Ebrey（伊沛霞），"Replicating Zhou Bells at the Northern Song Court," *Reinventing the Past：Archaism and Antiquarianism in Chinese Art and Visual Culture*, Wu Hung ed., pp. 188 – 194。

③ 杨仲良：《皇宋通鉴长编纪事本末》卷135。

④ 宋徽宗敕撰《宣和博古图》卷22。

⑤ 董逌：《广川书跋》卷3；陈云倩，"Cataloguing Antiquity：A Comparative Study of the *Kaogu tu* and *Bogu tu*," *Reinventing the Past：Archaism and Antiquarianism in Chinese Art and Visual Culture*, Wu Hung ed., pp. 200 – 228。

⑥ 陈梦家认为"经"字应训为"謌"，意为"音乐"，依照陈的释文，此铭文应读作"宋成公乐钟"（陈梦家：《宋大晟编钟考述》，《文物》1964年第2期，第51页）。

乐。因此当改制者们要再造古式乐器来演奏他们自己时代的
祭祀音乐时，经钟就成了完美的范本。

将大晟编钟置于礼乐改制这一历史语境中考察，可以看
出整个宋朝廷想要通过制作和再造整套仪礼乐器重现古礼乐
的强烈愿望。这一愿望随后由国家礼乐延伸到整个国家礼
制。受到大晟编钟积极成果的巨大鼓舞，宋徽宗于 1113 年
下诏设立礼制局（the Bureau of Ritual Production），由他亲自
督造全部所需的仪礼器具。① 对于每件特定的礼器，礼制局
都要参照考订皇家收藏的古器物，讨论它们在相关礼制惯例
中的用途及历史变化，最终提供一个适宜的设计上奏给皇
帝。皇帝会对设计做出批示，会要求做出修改并付诸制造。
经过这样细致谨慎的流程，大量的仿古礼器在 12 世纪 10 年
代被生产出来，直至 1120 年因制作耗费过巨，礼制局被迫
罢设。该局生产的礼器仿造皇家收藏的商周标本，展现出与
它们的原型之间形制上的亲缘关系，就像存世的政和鼎与商
饕餮鼎十分相似一样。② 二鼎的器身都由三道垂直的扉棱分
成三个面，每一面都有一个主要的装饰图案，自宋以后人们
普遍称这种纹饰为"饕餮"——一种古代传说的神兽。二鼎
器身都由无装饰的圆柱形三足支撑，三足的顶部略宽于底
部，都有两个把手从鼎的口沿竖起，典型的商朝晚期鼎的形
制，饕餮鼎可能就是这个时期制造的。

尽管这个商代礼器与其宋朝仿制品在形制上相似，但仍

---

① 关于礼制局的历史，参看杨仲良《皇宋通鉴长编纪事本末》卷 134。
这个新成立的政府部门生产的品类包括官服、祭器、祭坛和仪礼马
车等。

② 徽宗时期铸造的其他礼器只有"宣和山尊"存世，铸造于礼制局罢设
之后的 1121 年（周铮：《宣和山尊考》，《文物》1983 年第 11 期，第
74—75 页）。宋器模仿的模式也见于铭文，一些宋朝铭文甚至传至后
世被当作商周铭文。参看孙诒让（1848—1908）：《宋政和礼器文字
考》，《古籀拾遗》，自刻本，1888。

有一点至关重要的不同。商代饕餮鼎上的主纹饰中央有一道
扉棱，把图案分成对称的两半，而在政和鼎上，取代中央扉
棱的是一条精细的脊线，延伸至靠近图案的上边框（图
3.10）。饕餮纹的中央扉棱是商代礼器的一个共同特征，跟
当时的范模铸造工艺有很大关系。① 中央扉棱赋予了纹饰一
个中心焦点，既强化了神兽面孔的正面形象，同时还把纹饰
分为两个面对面的神兽侧像。中央扉棱创造出了一种视觉上
亦此亦彼的矛盾性，避免纹饰受限于非此即彼的解释，因而
使它平添了一种神秘力量。而这种矛盾性在政和鼎上全然消
失了，一道精细的鼻梁代替了中央扉棱，上端连接到神兽的
额头，下端有两个鼻孔。有了这道鼻梁，正面图像看起来就
是一张自然排列的面孔，鼻、眼、眉、嘴、额、角一目了
然，而二兽对峙侧像的另类解读就被全然去除了。政和鼎上
饕餮纹饰的转化是宋朝对这种重要古纹饰给予阐释及将其发
展和演化的结果。将此纹饰解释为代表古代传说中的神兽饕
餮的偶像崇拜，最早见于李公麟的记述，他的论述在吕大临
的《考古图》一书中保存了下来。②

图 3.10　政和鼎上的饕餮纹（参见图 3.1）

---

① Bagley, *Shang Ritual Bronzes in the Arthur M. Sackler Collections*, Washington,
　D. C.：Arthur M. Sackler Foundation, 1987, pp. 26 - 28.
② 吕大临：《考古图》卷 1，参看本书第二章关于李公麟解释饕餮的讨论。

据李公麟考证，这一形象代表名为饕餮的"兽面"，"饕餮"一词见于古文，用来警诫勿贪婪暴食。他的解读是开创性的，因为直到 11 世纪晚期还没人明确地讨论过此纹饰的意义。[①] 李的解释随之得到朝廷的认可并成为此纹饰的标准解释，正如《宣和博古图》在讨论鼎的总说中所说的："是故，圣人……象饕餮以戒其贪。"[②] 为了支持这一重要纹饰在古礼图像语汇里的官方解释，朝廷有必要修改此纹饰，以便消除任何有争议的解读或意义的含糊不清。饕餮纹从商饕餮鼎上密码图像般具有多种解释的开放性抽象构图，转变成政和鼎上有着明确意义和自然构造的图符性形象，就体现了这一努力。

借用符号建立文化认同

再现古代在很大程度上常常是以现实为前提的。在礼制改革期间，宋朝人如何看待特定的古器类型和装饰纹样的意义，深刻地影响了改制的最终结果。尽管宋仿古器的形制严格模仿其古代原型，但这些器物是为当时举行的国家仪礼而生产的这一事实，使它们的制作与现实的影响息息相关，这些礼制不可避免地受到当朝政治目标的引导。而对于朝廷政治语境以外的仿古器的制作，现实亦有很强的影响吗？宋朝社会中的个人，而非国家，在仿古器的生产中的考量和条件是什么？从一座 13 世纪初的南宋墓葬中出土的一方石碑，给我们提供了一个很好的机会去探寻私人仿古器的制作。

此石碑题额为"宋故安人留氏志铭"（以下简称留碑，the Liu Stele），是来自四川的高官兼学者虞公著（1165—1226）为纪念其妻子留氏所立。留氏于 1199 年亡故，次年

---

① 今天的学者对于饕餮纹的含义仍未有定论。
② 宋徽宗敕撰《宣和博古图》卷 1。

归葬于眉州（在今四川彭山）。① 此碑立于墓中棺室门前，上面镌刻着长长的感人碑文，叙述了留氏的一生，该文由她的丈夫虞公著所撰（图 3.11）。

图 3.11　《宋故安人留氏志铭》拓片，1199—1200，高 112 厘米，四川彭山。《南宋虞公著夫妇合葬墓》，《考古学报》1985 年第 3 期，第 400 页，图 21

墓志碑铭常见于宋墓中。② 但相比宋朝墓志的一般惯

---

① 关于此墓的发掘报告，见《南宋虞公著夫妇合葬墓》，《考古学报》1985 年第 3 期，第 383—402 页。（按：眉州今为四川眉山市，彭山系市辖区。——译者附注）

② "墓志碑铭"是指刻在两种不同墓石上的铭文。一种是直立的墓碑，竖立在墓前或墓园的神道上；另一种是墓志，通常由两块方的刻石组成（上盖下身），平放于墓室内。赵超：《中国古代石刻概论》，文物出版社，1997，第 17—18、32—33 页。

例，留碑的形制、内容以及置于墓中的位置都很不同寻常。正如最具权威的礼学大儒朱熹所言，宋朝标准的志石由两片方石构成，一片为盖，上刻若干篆体大字写明逝者身份；一片为底，刻写简要志文概述死者生平。[①] 两片志石叠放成水平的盒子形状，通常各边不高于一米。朱熹所述已为近年的许多考古发现所证实。[②] 此种宋朝墓志碑铭制式据信是延续了发展于魏晋（220—420）、成熟于唐朝的样式。[③]

与朱熹所述的标准制式不同，另一种类型的墓志由单独一块直立的长方形碑石构成，也常见于宋墓之中。这种石刻通常呈平放的或直立的长方形，顶部两个角被去掉，亦偶有顶部为圆形的。多数情况是，碑石上部有若干篆刻大字说明逝者的身份，而碑身主要部分刻有关于逝者生平的简要志文。这种石刻通常高和宽都不超过一米，常见立于墓中，基石或有或无，偶尔也见嵌于墓室后墙之上的。[④]虽然这两种墓志石形制有很大不同，但它们上面的碑文格式

① 朱熹：《家礼》（又常被称为《朱子家礼》）。朱熹《家礼》的注释英译，参看 Ebrey（伊沛霞）trans., *Chu His's Family Rituals: A Twelfth-Century Chinese Manual for the Performance of Cappings, Weddings, Funerals, and Ancestral Rites*, Princeton, NJ: Princeton University Press, 1991, pp. 5 – 177。

② 这种样式的宋朝墓志多有发现，出土于王拱辰（1012—1085）和段继荣（1252 年卒）墓葬中的志石都属于此种类型。《北宋王拱辰墓及墓志》，《中原文物》1985 年第 4 期，第 16—23 页；《西安曲江池西村元墓清理简报》，《文物参考资料》1958 年第 6 期，第 57—61 页。

③ 赵超：《中国古代石刻概论》，第 40—46 页。

④ 这种类型的墓志石通常见于 12 世纪初之后，尤多见于地方官员及其家属的墓葬之中。例如，许峻（1223—1272）之墓发现了三方独立的墓志石；卢渊（1119—1174）墓葬里的墓志石则用钉子固定在后壁之上。《福州茶园山南宋许峻墓》，《文物》1995 年第 10 期，第 21—33 页；《浙江新昌南宋墓发掘简报》，《南方文物》1994 年第 4 期，第 86—90 页。

和功能基本相同。①

　　留碑不属于宋人常用的这两种墓志石，其尺寸之大、装饰之精，让人一望便能看到它与普通类型墓志石的区别。相比两种通用的类型，留碑个头异常突出：连基座在内通高1.89 米。② 这一高度与东汉时期（25—220）的高颐碑更接近。高碑立在 3 世纪初为高颐修建的墓园中，保存完好。高颐为汉益州（今四川成都附近）太守，卒于 209 年（图3.12）。③ 其他一些现存的东汉时期墓碑也证实当时的纪念碑高通常超过 2 米。④ 从装饰方面来看，留碑也与宋朝单石直立型的墓碑有很大的不同。现存的此类石碑多数没有装饰，或只是沿着石头边缘刻有一些简单的花纹。⑤

　　然而，留碑上部有三道很明显的刻纹，形成一个半圆鸟巢形，纹线间距右边比左边要宽些，这种呈曲线的图形显示出与汉代墓碑的某种联系。从形制和装饰来看，特别是在碑的上部，东汉墓碑主要有三种：圭首形、螭首形和晕首形。

---

① Schottenhammer（萧婷），"The Characteristics of Song Time Epitaphs," *Burial in Song China*, Dieter Kuhn ed. , Heidelberg: Edition Forum, 1994, pp. 253 - 306。

② 根据发掘报告，石碑高度为 155 厘米，底座为 34 厘米。《南宋虞公著夫妇合葬墓》，《考古学报》1985 年第 3 期，第 399 页。

③ 陈明达：《汉代的石阙》，《文物》1961 年第 12 期，第 9—23 页。关于东汉一般墓葬构造的讨论，参看 Paludan, *The Chinese Spirit Road: The Classical Tradition of Stone Tomb Statuary*, New Haven, CT: Yale University Press, 1991, pp. 28 - 51。由于东汉时期墓碑的大小是根据所纪念之人的品阶高低规定的，高颐墓阙之巨大（高 275 厘米，即使在东汉墓碑中也属罕见），或许是他在当地享有声望的官员地位所致。巫鸿，*Monumentality in Early Chinese Art and Architecture*, Stanford, CA: Stanford University Press, 1995, pp. 190 - 92。

④ 永田英正（Nagata Hidemasa）编《汉代石刻集成》第 1 册，东京：同朋舍，1994，第 23—28 页。

⑤ 例如金天宠之妻吴氏（1085 年卒）墓志石，其石碑的边缘就装饰有花纹。《江西铅山县莲花山宋墓》，《考古》1984 年第 11 期，第985—989 页。

图 3.12　高颐碑，209，石碑，高 275 厘米，
四川雅安。作者摄

此三种都能从现存的标本中看到（图 3.13）。① 从留碑上的曲线图形可以清楚地看到它与东汉晕首形墓碑很相似。留碑的大规格和古纹饰似乎显示出一种很用心地借鉴古葬仪的想法，然而，进一步分析此墓表明，其余部分的结构设计并没有把复古努力一以贯之。仿古墓碑与当代墓室结构之间的不协调，凸显的是虞氏夫妇及其家庭采借古式作为文化标识的特定功能。

虞公著和妻子留氏的墓葬由两个并排的长方形石室构成，布局相同但并非建于同一时期。② 两个石室都是宽

① 赵超：《中国古代石刻概论》，第 14—15 页；王静芬（Dorothy Wong）识别出另一种类型，即四面柱形（*Chinese Steles：Pre-Buddhist and Buddhist Use of a Symbolic Form*，Honolulu：University of Hawai'i Press，2004，p. 26）。

② 关于此墓结构及随葬品的细节描述，参看《南宋虞公著夫妇合葬墓》，《考古学报》1985 年第 3 期，第 383—402 页。

图 3. 13　（左）圭首形，孔羡碑，220，山东曲阜；（中）螭首形，
高颐碑，209，四川雅安；（右）晕首形，
孔宙碑，163，山东曲阜。作者摄

1. 6—1. 9 米，高 3 米，长 5 米。此布局包括沿着同一轴线的
两个分隔空间，封砌石与墓门之间的狭窄空间——发掘报告
中称为"享堂"、门板后长方形的房间——发掘报告中称作
"棺室"（图 3. 14）。发掘报告对后一个空间的用词是正确
的，因为它里面有棺木的痕迹，但不清楚前一个空间是否的
确用来供享墓主。南面的建筑，发掘报告称为"西室"，虞
公著为其妻建于 1199 年至 1200 年间，装饰着组成一幅连续
画面的动物形象浅浮雕，其常见于 12 至 13 世纪的四川士大
夫墓中。[1] 北面的建筑，发掘报告称为"东室"，由虞氏家
族于 1226 年至 1227 年为虞公著建造，有一幅相似但简朴得
多的装饰画。

　　虞公著夫妇墓令人联想到由士大夫家礼观念发展而来的
一种宋朝新型的墓葬。[2] 顶尖的士大夫仪礼专家，尤其是司
马光及之后的朱熹都很努力地创造适用于士大夫阶层的新仪
礼习俗并推动其发展，这个阶层在宋朝第一次全面登上社会

---

[1]　关于宋朝四川精英人士墓葬的讨论，参看 Stahl，"Su Shi's Orthodox Burials: Interconnected Double Chamber Tombs in Sichuan," *Burial in Song China*，Dieter Kuhn ed.，pp. 161 – 214。

[2]　Ebrey（伊沛霞）广泛地讨论了士大夫家礼观念的社会和哲学基础（*Confucianism and Family Rituals in Imperial China: A Social History of Writing about Rites*，Princeton，NJ: Princeton University Press，1991，pp. 45 – 166）。关于宋朝士大夫墓葬变化反映出士大夫葬仪观念转移的讨论，参看 Kuhn，"Decoding Tombs of the Song Elite," *Burial in Song China*，Dieter Kuhn ed.，pp. 21 – 39。

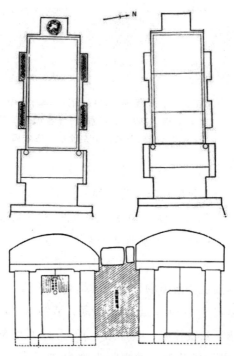

**图 3. 14　（上）合葬墓平面图，虞公著（右）；其妻留氏（左）；
（下）墓前部正面图，1199—1227。《南宋虞公著
夫妇合葬墓》，《考古学报》1985 年第 3 期，
第 384—401 页，图 1、2**

舞台。① 宋朝士大夫仪礼专家认为新仪礼应回归原初的儒家理想，通过清除现行习俗中的非儒家因素，特别是佛教因素使之净化。他们也坚信新仪礼应灌输道德价值，忠实于人的情感，强调的是礼俗所传递的意义，而非礼俗本身。更重要的是，新仪礼应该既反映当代生活的发展面貌，又

---

① 司马光的仪礼手册《司马氏书仪》列出了祭祖、冠仪、婚仪、丧仪和葬仪的指导方针，朱熹的《朱子家礼》涵盖了相同范围的家庭仪礼，但这两本仪礼手册的目的因它们社会语境的变化而十分不同。司马光的手册旨在为新的士大夫仪礼奠定思想基础，而朱熹的手册则致力于寻找方法推广新的习俗。Kuhn, "Family Rituals," *Monumenta Serica*, Vol. 40，1992，pp. 369 – 85.

不违背他们的儒家原则。这些观念表现在仪礼习俗上，就
是反对异端的形象和迷信的象征物，认为它们会导致愚昧
和庸俗。

他们也同样反对构造复杂的墓葬建筑和过多的随葬品，
这些只会助长铺张和罪愆。反之，他们主张薄葬，如此既
能反映儒家谦逊恭敬的道德价值，又能在殡仪中得体地表
达人的情感。其结果是，宋朝士大夫墓葬与富商或地方乡
绅墓相比，规模和建筑通常都很节制，且装饰和陪葬品简
朴。后者经常是详尽周全的居家生活的复制品，以厅堂、
厨房、仆佣房、花园和农田等场景装饰，就像白沙镇一座
11 世纪与 12 世纪之交的富商墓显示的那样（图 3.15）。①
与之相反，考古证据表明，一座典型的宋朝士大夫墓葬只
有一个垂直的墓穴，有些砌以简朴的砖或石结构，而另外
许多没有任何建筑。墓穴大小通常只能容纳墓志石和棺木，
如张颙（1007—1086）与其妻周氏（1002—1082）的合葬

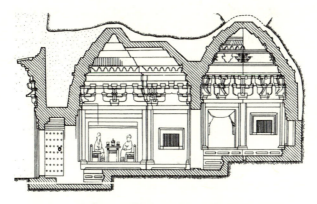

图 3.15　宋墓 M1 结构图，1099，河南白沙。宿白：
《白沙宋墓》，图 60

---

① 宿白认为这个考古遗址中发现的墓葬属于同一个商人家族，其断代为
11 世纪末至 12 世纪初。宿白：《白沙宋墓》，第 79 页。

墓（图 3.16）。①

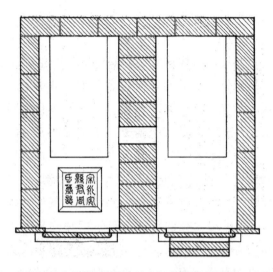

图 3.16　张颙（右）与其妻周氏（左）合葬墓平面图，1082—1086，
湖南常德。《湖南常德北宋张颙墓》，《考古》1981 年
第 3 期，第 234 页，图 3

　　遵照儒家的道德准则，宋朝士大夫墓葬的一般构造，也展现出家庭的价值和男女有别。与此相应，士大夫夫妻合葬墓的一个构造特点就是妻子的墓志石放置的位置，它是放在妻子棺室之内的，如葬于湖南长沙的张颙之妻周氏（卒于1082 年）的墓志，以及葬于河南郏县的苏适之妻黄氏（卒于 1123 年），葬于浙江诸暨董康嗣之妻周氏（卒于 1206年），葬于福建福州的许峻之妻赵氏（卒于 1287 年）。② 如

①　Kuhn, *A Place for the Dead: An Archaeological Documentary on Graves and Tombs of the Song Dynasty（960 – 1279）*, Heidelberg: Edition Forum, 1996, pp. 11 – 159. 关于张颙夫妇双室墓的发掘报告，见《湖南常德北宋张颙墓》，《考古》1981 年第 3 期，第 233—238 页。

②　《湖南常德北宋张颙墓》，《考古》1981 年第 3 期，第 235 页；李绍连：《宋苏适墓志及其他》，《文物》1973 年第 7 期，第 64 页；《浙江诸暨南宋董康嗣夫妇墓》，《文物》1988 年第 11 期，第 50 页；《福州茶园山南宋许峻墓》，《文物》1995 年第 10 期，第 30 页。

此广的地理分布和如此长的时间跨度，说明把妻子的墓志石掩埋在她的棺室内，在北宋后期至南宋时期的士大夫中已成惯俗。① 以此看来，留碑颇不同寻常，虞妻的墓志石放在她的棺室外面，很显眼地立在通向墓室的两扇门之前。不仅留碑在墓中的位置明显与士大夫的一般墓室形制相悖，它惊人的规模也颠覆了谦简的一般原则。留碑的高度，包括基座近两米，使石碑所处的狭窄空间即所谓"享堂"显得很逼仄，享堂深不足一米。碑顶部颇为特殊的不完整的花纹更加凸显了这种局促，似乎为了使此碑放进墓中不得不对它做了一些削整。

留碑令人困惑的特点是古式今用的结果。东汉时期，贵族和朝廷命官的墓园是带有纪念碑的建筑，墓碑的重要性从它壮观的体量和在墓园的中心位置就可以看出来。尽管东汉的这种墓园建筑没有完整地保存下来，但学者们仍依据残留的遗存和《水经注》（一部成书于 6 世纪的古代地理文献）的记载重构了这种墓园的一般布局。② 在此复原的布局中（图 3.17），一个典型的东汉墓园第一部分是一对阙门，它标识出入口，把这个神圣处所与外面的空间区隔开来；③ 紧接着门的是通向墓园的神道，它是墓园的中轴线。④

神道两边通常排列着石人石兽，引导着来访者来到墓园

---

① 妻子们的墓志石在她们的墓室内的实际位置有很大不同，它们被发现在棺材前或后，竖立或平放，甚至有的安放在棺室的后壁之上。

② 巫鸿，*Monumentality in Early Chinese Art and Architecture*，p. 191；Paludan，*The Chinese Spirit Road：The Classical Tradition of Stone Tomb Statuary*，pp. 31、242。这两种重构基本相同但有一个关键区别：在巫鸿的重构里祭坛与墓冢是分开的，Paludan 的重构中祭坛则包含在墓冢之内。

③ 阙门都是用石头建造的，通常模仿木塔结构。关于幸存的东汉石阙门塔的详细讨论，参看陈明达《汉代的石阙》，《文物》1961 年第 12 期，第 9—23 页。

④ Paludan，*The Chinese Spirit Road：The Classical Tradition of Stone Tomb Statuary*，pp. 28 – 51.

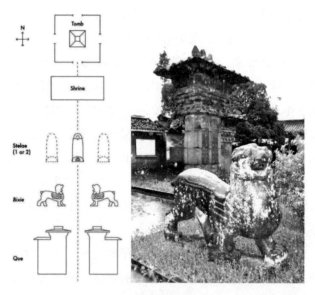

图 3.17　（左）东汉墓园示意图。巫鸿，*Monumentality in Early Chinese Art and Architecture*，p. 191，图 4.1；（右）高颐墓园阙门和石兽雕塑遗迹，四川雅安，作者摄

的第三部分，即祭拜墓主的地方。一方或多方墓碑立于祭坛前的神道轴线中央，祭坛用于向墓主献供品。最后，神道尽头是坟墓，地下的墓葬建筑上面覆盖着土堆。[①] 当来访者从阙门进入，沿着神道一路走来，经过居中而森然高大的墓碑时，会不由自主地停住脚步。访客可以通过阅读碑文了解墓主的生平事迹。碑文的构成是：逝者的名讳和官职头衔，通常以篆文大字刻于碑额；正文系逝者生平的详细记述，多采用隶书字体。高颐碑就是关于东汉墓碑在墓地中原始状态的一个极好例证，它位于彭山近旁，彭山正是虞氏家族原籍之地，也是虞墓被发现的地方。

---

① 巫鸿认为地下墓葬结构中包含同一家庭的多个墓葬时，为某一特定死者建造的祭坛可以视作对以此人为首的整个家族的纪念（*The Wu Liang Shrine: The Ideology of Early Chinese Pictorial Art*，Stanford, CA: Stanford University Press, 1989, pp. 30 – 37）。

根据洪适研究古物文本的《隶释》，他记录了近两百通汉魏（公元前2世纪—3世纪）碑石，在洪适编撰此书的12世纪下半叶（图3.18），高颐碑仍保存完好。[①] 尽管难以确知虞公著是否到过邻近他家乡的高颐墓，我们也能八九不离十地推断，他完全可以通过尚古学者的论著和当地的实物遗存了解东汉墓葬和墓碑的知识。留碑顶部的晕首纹饰有趣的细节支持了这一推断。一方面，刻得一板一眼的凹槽显示了虞了解洪适书中记载的相同纹样，这种三维的凹槽纹在书中被特征性地平面化了，在制版印刷的过程中变成了鲜明的二

图3.18　高颐墓碑拓木版印刷，19世纪中晚期。
洪适：《隶续》卷5，晦木斋本

---

① 《隶释》中的大多数碑文是墓志。洪适在文中还引用了《水经注》对古代墓地的描述，他的书显然很受欢迎；一年后，他又出版了续集《隶续》；直至1181年，12年间他又对这两部书进行了增补和修订。之后，洪适又编撰了两部关于汉魏碑的著述，讨论碑文的音声字根和碑的性质特点等。这两部著述已散佚，但其中数十幅画像则保存在《隶续》一书中。有关洪适著述的概要研究，参看李新伟《洪适和他的〈隶释〉》，《河南图书馆学刊》2007年第5期，第129—131页。

维线条。另一方面，晕首纹中每条凹槽完整的弯弧说明虞熟悉这种碑的实物。因为凹槽弯弧通常是从前面沿着顶部绕到碑的侧面，如现存的例证所展现的那样（图3.19）。而洪适书中的印刷图像是以碑的正面拓片为模板的，只能拓印到正面的凹槽，导致弯弧的顶端被截断而不完整。留碑的凹槽包含前面和侧面部分，表明虞一定观察过这种纪念碑。综合尚古学者的二手研究和一手的实物观察，他有机地合成出一种看似不伦不类的视觉特征，创造出一种仿古墓碑，颇为微妙而又清楚地展示出他的好古和博学。

图3.19　孔宙碑晕首的弧线，山东曲阜。作者摄

虞在刻造留碑时小心谨慎地借用古风特征，这表明此碑安放的显眼位置及其纪念碑式的体量，很可能也是出于追求古式的考量而为之。此碑放置于墓前部，而非封埋在棺室里，让人强烈地联想到东汉墓园的中轴线布局——纪念碑安放在供坛和墓冢之前的中心位置。留碑的高度相对于狭窄的空间彰显其形制之大，更强化了它与东汉墓园中纪念碑的相似性。然而，留碑与它古代先例的关系却绝不意味着性质上的模仿。装饰纹样的折中合成与空间的逼仄安排，十分清楚地说明虞并不是要复制古碑或其仪礼规矩，他只是要假借与古式相联系的象征性，跟许多其他的古式用法一样，将其用作彰显文化权威及社会地位的标识。

保护和解读古代铭文，在宋朝士大夫的文化身份认同中起着至关重要的作用。个人对于文化传承的责任意识，在宋朝尚古学者们研究古铭文的著作里多有表达。这种自觉的努力，应看作士大夫以文化遗产保护者和诠释者自居的自我意识长期发展的结果。自 11 世纪中叶以来，古铭文越来越多地进入宋朝士大夫的视野，被他们视为不掺杂质的真实历史资源及至高美学成就的典范。[①] 然而，这些重要的文化遗产却已经陷入濒于毁灭的境地，正如欧阳修在他的跋尾中时常哀叹的那样。事实上，正是意识到这些古铭文会很快散失殆尽，欧阳修便开始购求它们的拓本，试图保护它们所代表的文化遗存。[②] 他的想法想必引起了宋朝士大夫们的共鸣，大量出自士大夫之手的古物收藏研究著述的出现证明了这一点，他们开始通过收集和记录来保护古代铭文。[③] 这种保护古铭文、让古代文化免于湮灭的义不容辞之情，被勤奋的古物研究和收藏家赵明诚表达得最为恳切。这位《金石录》的作者，因其古铭文收藏之富、覆盖之广，以及论述之渊博而享有很高的声誉。[④] 赵明诚在书的序言中指出，虽然青铜器和石碑是由看似坚硬持久的材料所制成，但也是脆弱易损的，他开宗明义地道出身为文化遗产的守护人著述此书，是为了保护上古三代的遗存：

---

① Egan（艾朗诺），*The Problem of Beauty: Aesthetic Thought and Pursuits in Northern Song Dynasty China*, pp. 28 – 58。

② 欧阳修：《唐孔子庙堂碑》，《集古录跋尾》卷 5。

③ 容媛：《金石书录目》；杨殿珣、容庚：《宋代金石佚书目》，《考古学社社刊》第 4 期，1936 年，第 204—228 页。

④ 《金石录》的校勘本，见金文明校证《金石录校证》。

　　呜呼！自三代以来，圣贤遗迹著于金石者多矣。盖
其风雨侵蚀，与夫樵夫、牧童毁伤沦弃之余，幸而存者
止此尔。是金石之固，犹不足恃……而余之是书有时而
或传也。①

　　虞公著和妻子留氏必是属于士大夫阶层，有着与之相同
的文化身份，即古代流传下来的文化遗产的保护者和诠释
者。虞公著出身于蜀地（今四川）一个显赫的书香世家，其
家庭出过几位颇具令名的儒者和朝廷命官。② 其父虞允文
（1110—1174）是宋朝地位尊贵、出将入相的名臣，他的文
章、书法和古文学问深受推崇；此外，他也是一位知名的尚
古学者，古物收藏包括乐器、文房什物和兵器等。③ 虞公著
之妻留氏来自闽地（今福建）一个更显贵的家族。她的父亲
留正（1129—1206）位居朝廷高官40多年，也是12世纪后
期两朝皇帝的宰相。他是虞允文的年资较轻的同僚，二人互
相倾慕对方的政治才干和文学才华。④

　　据墓碑所述，留氏的世系可追溯到公元前7世纪早期的
周朝，是当时卫国（在今河南）的名门贵族。这个家族在3
世纪汉朝衰落的动乱时南迁。宋朝初年，留氏家族效忠于
宋朝的开国皇帝太祖，获得朝廷加官封爵。留氏家族之后几
代的主要成员都位居宋朝高官。留氏的曾祖、祖父和父亲都

① 赵明诚：《金石录》，见金文明校证《金石录校证》，第1—2页。
② 昌彼得等编《宋人传记资料索引》第4册，台北：鼎文书局，1991，第3197—3205页。
③ 关于虞允文出将入相的仕宦生涯，见脱脱等《宋史》卷383。关于他的书法和古物收藏，见朱存理（1444—1513）《珊瑚木难》卷2；虞的收藏中最著名的是一把古剑，虞还作几篇诗赋以咏之。
④ 脱脱等：《宋史》卷391。由于虞允文的推荐，留正获得皇帝的赏识而官运亨通。

以位高权重获得朝廷的封爵，故而她也因家世关系获得了朝廷的封诰。①

　　就这对夫妇的家世背景来看，留碑酷似古碑的形式极有可能是作为一种文化标识，用以象征这两个家族在宋朝社会的特权地位。通过与古代的晕首纹相关联，留碑展示出与古代习俗的密切关系，以此表明逝者及其家族属于那种谙熟上古风俗——一种士大夫文化认同的标识——的阶层。此碑唤起的对遥远古代的情怀在碑文的具体叙事中被进一步强化，碑文称他们的确是家世可追溯至久远古代的苗裔。换言之，原始丧葬语境中的古碑形制被借用到宋朝的语境中，作为一种标识用来建立文化身份认同，强调两个家族的显赫历史。在这里，古碑的意义既是它的原始仪礼语境的象征化，又是其新语境的符号化。不像大晟编钟和政和鼎是一个复制古代礼器和再生产仪礼器物宏大计划的组成部分，留碑是一种单独的拟古元素在其当代墓葬建筑中的借用。其意图不是要再造一个东汉墓，而是要在其当代丧葬语境中借用古式来凸显一个象征性功能。

作为士大夫品味的审美化古代

　　在大晟编钟、政和鼎与留碑的例子中，整件古物以完整的形式被用作制造当代仿古器物的模板。鉴于考古发掘和博物馆藏库里所见的大量仿古器，此类例子——仿古器物有明确的形式特征来源和清晰的仪礼语境——是罕见的。经过了宋朝尚古运动肇始时期，此后制作的大多数仿古器皆为复杂

----

①　留氏因其娘家和夫家而得到朝廷的诰封。虞公著与其妻的墓志图像（拓片），见《南宋虞公著夫妇合葬墓》，《考古学报》1985 年第 3 期，第 399—401 页，图 20—21。这两通墓志的完整录文，见《彭山宋中奉大夫虞公著夫妇墓志》。

地融合、借用形式与语境的产物，古物通常只是这些仿古器的制造者吸收的元素来源之一。在借用的过程中，纹样、形制以及材料之间的界限是流动多变的。

在仿古器的制作中，古物借用之复杂性，从南宋中晚期（12世纪后期至1279年）的墓葬或窖藏中多见的一批长颈瓶中可见一斑。四川阆中就出土了4件此种类型的铜花瓶。① 虽然这些出土的铜花瓶通身未加装饰，但它们的器形十分近似北京故宫博物院所藏的一个青瓷瓶，其通常又被称为官窑弦纹瓶。弦纹是指环绕瓶颈和瓶身的平行线条（图3.20）。② 这一青瓷瓶生产于宋朝皇家官窑，可能采用了公元前2世纪一种青铜器的形制和纹饰，它的形状和弦纹与（巴黎）吉美博物馆（the Musée Guimet）藏的一件青铜瓶很相似（图3.21）。③ 这件青铜瓶与此青瓷瓶不仅有同样的梨形器身、长颈、垫高圈足和器身上的弦纹，而且

图3.20　官窑弦纹瓶，12世纪，绿釉瓷胎，饰有平行弦纹，高33.6厘米。北京：故宫博物院。李辉炳：《两宋瓷器》下册，第3页

---

① 《四川阆中县出土宋代窖藏》，《文物》1984年第7期，第85—90页。
② 李辉炳：《两宋瓷器》下册，上海科学技术出版社，2002，第2页。
③ Delacour（德凯琳），*De bronze, d'or et d'argent: Art somptuaires de la Chine*，Paris：Réunion des musées nationaux, 2001, pp. 80 – 82。

高度和比例也相仿。一个更说明问题的细节是青瓷瓶的圈足上有两个方形开口，这是古青铜器上一个常见的特征，很可能是铸造过程中产生的。由于这类古青铜瓶很可能包含在宋朝皇家的收藏中，我们或许能得出结论，这件青瓷瓶是以类似的古青铜器为模本制作的，且根据阆中出土的青铜花瓶与此青瓷瓶多有相似这点，也可以将它与古模本相联系。

图 3.21　带盖和链长颈瓶，古风纹饰，公元前 **2** 世纪，镀金银青铜，高 **36** 厘米。巴黎：吉美博物馆。**Delacour**（德凯琳），*De bronze，d'or et d'argent：Art somptuaires de la Chine*①，**p. 81**

　　然而，要将这些宋朝花瓶与古模本相联系还会遭遇严重的挑战，那就是它们之间有一个关键的不同：古青铜瓶上部有一个盖子，还带有两条以两个兽面固定的链子，而宋花瓶既没有盖，也没有链子和兽面。为了更好地对比，我们再以第四个花瓶做例证，那就是莫斯收藏（the Moss collection）

---

　　①　承本书作者陈云倩女士见告，该作品英译为 *Bronze，Gold and Silver：Sumptuous Art from China*，汉译似为《金、银、铜：中国的珍宝艺品》。——译者注

里的一个南宋中期青铜花瓶（图 3.22）。① 莫斯瓶和吉美瓶
形状相似，制造材质都是青铜，除此之外它们还有一个相似
之处，就是瓶颈上装饰有同样的三角形纹饰。然而，就没有
任何附件缀饰这点而言，莫斯瓶更近似故宫青瓷瓶和阆中出
土的青铜瓶。另一方面，莫斯瓶又跟这二者有一大不同，它
的表面布满了结合拟古纹样和当代纹样的装饰图案，五组水
平并列、宽窄不一的图案带从瓶口往下到圈足，覆盖整个莫
斯瓶的表面。三角形纹饰连同这些填满翻卷曲线图案的装饰
带，营造出一种仿古装饰的印象。唯独一处与这种仿古设计
颇为违和，那就是在莫斯瓶的下部、瓶身最宽大的地方，是
层层叠叠的波浪、岩石以及龙凤等神话瑞兽的纹饰，构成了
一个超自然的景象。这一主题似乎在南宋很流行，它也见于

图 3.22 三角纹和波浪纹长颈瓶，**12—14** 世纪，青铜，高 **20.3** 厘米。
美国洛杉矶：洛杉矶县立艺术博物馆。**Moss，**
The Second Bronze Age，**No. 74**

---

① 此青铜花瓶是莫斯藏品中的首个复制品，见 Moss, *The Second Bronze Age*:
Later Chinese Metalwork, London: Sydney L. Moss, 1991, No. 74。它后来于
1992 年至 2006 年被暂借给洛杉矶县立艺术博物馆（the Los Angeles County
Museum of Art），并出现在 2007 年的一次公开拍卖会上（Christie's New
York, Fine Chinese Ceramics and Works of Art, March 22, 2007, No. 167）。

另一个带有一对兽形把手和拟古纹饰的南宋时期的青铜瓶上，该瓶现藏于维多利亚和阿尔伯特博物馆（图3.23）。[①]

图3.23　带仿古纹饰和铭文的胡瓶，1168，青铜，高30.8厘米。英国伦敦：维多利亚和阿尔伯特博物馆。Kerr（柯玫瑰），*Later Chinese Bronzes*，p. 43

正如这些长颈瓶的例证所显示的，南宋时期，仿古器风格化的借用跨越了材质、器形和装饰的边界。除此之外，如果再考察它们的背景和赞助人，我们就可以构建出一个极其复杂的关系网，在其中所有的器物既有联系，同时又相互独立。为了解决这一时期古代意象借用的复杂问题，学者们试图建立起一个风格的参照体系。[②] 在仿古青铜器风格的发展上，一种最有影响力的因素是尚古学者的著述，特别是古器图录，诸如吕大临《考古图》、皇家收藏的古器图录《宣和博古图》等。这些权威著述中的图像或从中提取的图像元素被用作仿古图像风格转换的原始来源。职是之故，尚古学者

① 关于此瓶更多的讨论，见 Kerr（柯玫瑰），"Metalwork and Song Design: A Bronze Vase Inscribed in 1173," *Oriental Art*, Vol. 32, No. 2, Summer 1986, pp. 161 – 176。

② Watson, "On Some Categories of Archaism in Chinese Bronze," *Ars Orientalis*, Vol. 9, 1973, pp. 1 – 13; Kerr（柯玫瑰），"The Evolution of Bronze Style in the Jin, Yuan and Early Ming Dynasties," *Oriental Art*, Vol. 28, No. 2, 1982, pp. 146 – 158。

著述文本的演变——这在修订过程中是常有的——会对仿古器风格的变化产生影响。一个较佳的例证见于洛阳赛因赤答忽墓葬出土的陶礼器，这些陶器呈现出与图录中的图像非比寻常的视觉相似性（图3.24）。①

图 3.24　赛因赤答忽墓出土的明器，1365，陶器。
河南洛阳：洛阳博物馆

---

① 《元赛因赤答忽墓的发掘》，《文物》1996 年第 2 期，第 22—23 页。

这种亲缘关系可以通过《绍熙州县释奠仪图》（以下简称《绍熙图》）追踪到那本皇家图录《宣和博古图》（图3.25）。《绍熙图》是一本旨在指导地方官员施行国家规定的全套祭孔仪式的手册，[1] 由杰出的新儒学和仪礼大家朱熹编撰于1194年，他从皇家图录里选取了古礼器图作为标本，把地方祭祀仪礼的整套礼器和程式加以标准化。此书是将宋徽宗礼制改革的成果从朝廷中枢推广到地方州县的长期努力之一部分。[2] 实际比较一下出土的器物与《绍熙图》及《宣

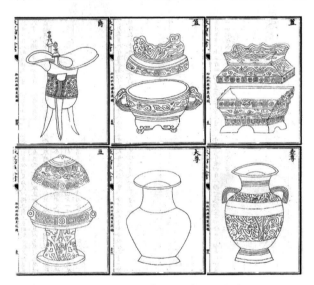

图3.25 线描礼器图。《绍熙图》，四库本，1782，
第31、33、34、37、40、44页

① 朱熹：《绍熙州县释奠仪图》卷1；许雅惠：《宣和博古图的间接流传——以元代赛因赤答忽墓出土的陶器与绍熙州县释奠仪图为例》，《美术史研究集刊》第14期，2003年，第1—26页。这些仪式也叫释奠，是南宋时期在地方州学举行的，那里建有供奉孔子和他的大弟子们的文庙，一些宋朝官员也因其政治和文化贡献而得以入祀，和孔圣人一起被供奉。赵强：《宋代文宣王庙考》，《文博》2015年第4期，第60—67页。
② 除了这本皇家图录外，徽宗仪礼改革期间发布的《政和五礼新义》也是南宋时期进行仪礼标准化的一个重要依据。王美华：《庙学体制的构建、推行与唐宋地方的释奠礼仪》，《社会科学》2014年第4期。

和博古图》中的画像，可以发现分别面向精英和普通人写作的图录和手册的出版与流通，已经直接影响了地方仿古器的生产（图 3.26）。这是由于古物的形制和纹饰主要通过印刷图像传播，而极少通过古物的实物或其复制品传播。①

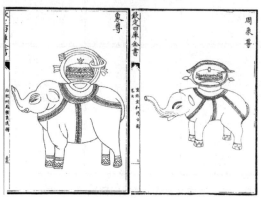

图 3.26 （上）象尊，1365 年，陶土，高 18 厘米，摄自洛阳博物馆；
（下左）《绍熙图》中的象尊图，四库本，1782，第 36 页；
（下右）《宣和博古图》卷 7 中的象尊图，四库本，1782。

---

① 彭州发现的青铜器窖藏中有一个例外，那就是一件尊瓶残片显示它几乎精确地复制了徽宗仪礼改革时期所造的"政和山尊"。这种相似性表明，有关宫造原型物理细节的某种直接知识已经被生产彭山瓶的地方作坊获得。韩巍：《宋代仿古制作的样本问题》，中国国家博物馆编《宋韵——四川窖藏文物辑粹》，中国社会科学出版社，2006，第 288—295 页；陈云倩，《南宋墓葬与窖藏中的仿古器》，《美术史研究集刊》第 38 期，2015 年，第 51—118 页。

受到印刷图像在宋朝仿古器的制造与发展中所起的关键作用的提示，新近的研究证实了图录书籍如《绍熙图》等的作用，有助于理解宋仿古器的制作。通过追踪这些书籍图像的版本和再版，可以确定研究宋仿古器形式要素的参照点。然而，这一方法也是有问题的，特别是当风格化的借用脱离了书籍图像的示例时。在内蒙古出土的两个陶罐的例子中（图3.27），从宋朝图录中找不到近似的对应图像，暴露出此方法的局限性。[1] 此外，在图像的印刷传播中也会出现问题。普遍为人所知的问题包括对原始形象的误解、印刷的粗劣，以及对早晚版本的混淆或错辨。这些问题可能会颠倒以版本或再版来推定发展的时间顺序。[2] 与其仅仅依据图录文

图 3.27　（左）带深仿古纹饰的梨形瓶，陶土，高 25.5 厘米；（右）带深仿古纹饰的三足香炉，陶土，高 9 厘米。内蒙古自治区巴林左旗林东镇。《昭盟巴林左旗林东镇金墓》，《文物》1959 年第 7 期，图 1、2

---

① 《昭盟巴林左旗林东镇金墓》，《文物》1959 年第 7 期，第 63—64 页。
② Hausmann, "Later Chinese Bronzes," *In Scholars' Taste: Documentary Chinese Works of Art*, Paul Moss ed., London: Sydney L. Moss, 1983, pp. 230 - 238. 例如吕大临《考古图》的一个 13 世纪版本在 17 世纪重现，13 世纪版本中的一些图又被合并到了 17、18 世纪的版本中。郭永禧：《吕大临（1046—1092）〈考古图〉研究》，硕士学位论文，香港大学，1994，第 101—103 页。

本研究来整理风格化的借用或构建风格化发展的复杂进程，毋宁结合仿古器被发掘的背景如地窖、坟墓或佛寺地宫对它们进行考察。对这些器物来龙去脉的研究，让我们可以揭示出器物的性质、特征与它们所在的环境之间的关联。

　　宋仿古器大多来自墓葬，特别是南宋士大夫的墓葬。司马光和朱熹等士大夫领袖制定的新葬仪的施行，树立了士大夫阶层的道德和美学的理想榜样，11世纪中期以来的士大夫墓趋向于薄葬。士大夫死后，用来体现他们生前享有社会特权的，不是大量昂贵的殉葬财物，而是一些高品质的艺术品。章岷墓就是一个好例证。章岷的家族在11世纪出了多位官员，包括一位宰相。① 章岷本人在其仕宦生涯中也多次得到过皇帝的特别嘉赏，1064年被选派出使辽国，代表宋朝皇帝为契丹皇帝祝寿。②

　　就其仕宦的成功及名门家世背景而言，发现于镇江（在今江苏）的章岷墓却是惊人的简朴。它建有一小小的长方形墓穴，仅有1米宽、3.5米长，四面是砖墙而底部没铺砖石（图3.28）。1974年此墓被发掘时，棺木和遗体都已在岁月中腐朽分解，只有章的墓碑和一些瓷杯罐在墓中存留下来。这些瓷器是一种价值很高的青白瓷，其特征是纯净的白色器身上覆盖着一层精妙的淡青色釉面。③ 章墓中的青白瓷在口沿上装饰有金箔或银箔的细边，使它们既有一种华丽贵气又不失优雅美感。此外，墓中还发现了两个红色定窑大梅瓶（图3.28）。红色定瓷出产于宋朝的

---

① 《镇江市南郊北宋章岷墓》，《考古》1977年第3期，第55—58页。关于这位宰相的生平和章家的历史，见脱脱等《宋史》卷311《章得象传》。

② 脱脱等：《宋史》卷13。

③ 青白瓷又叫"影青瓷""映青瓷"。Pierson（毕宗陶）ed., *Qingbai Ware: Chinese Porcelain of the Song and Yuan Dynasties*, London: Percival David Foundation of Chinese Art, 2002, pp. 6 – 12。

定州（在今河北）官窑。① 红定有着华美的深红色釉面以及精致的外形和装饰，在北宋时期就被视为珍贵之物，被发现于宋朝精英士大夫的墓中。② 章墓中的这对红定梅瓶大小形状一模一样，它们的釉面也上得同样精细，尤其贵重，因而它们在中国文化遗产系统里被列为一级文物。③

图 3.28　（左）章岷墓出土深红釉色红定对瓶之一，1071—1072，
高 23.3 厘米，江苏镇江。（右）章墓平面图。《镇江市
南郊北宋章岷墓》，《考古》1977 年第 3 期，第 55 页，
图版 4.1、4.3，图 1

① 学者鉴定非白色的定窑通常带红褐釉色，史上又称为"紫定"（冯先铭主编《中国陶瓷》，上海古籍出版社，2001，第 377 页）。然而最新的研究进一步把此种定窑和其他更深釉色的定窑区分开，开始用"红定"一词指称章岷墓中的定窑红瓶和其他近似红釉色的定瓷。申献友：《谈定窑红瓷》，《文物春秋》2000 年第 4 期，第 63—70 页。

② 另一件与章岷瓶非常相似的瓷器出土于一个 1070 年的南宋墓，该墓属于一个与朝廷高官关系密切的地方士绅家庭（《金坛市茅麓镇石马坟北宋墓的发掘》，《东南文化》2006 年第 6 期，第 34—41 页）。16 世纪之后，红定瓷器变得极其稀少，以至于人们只能通过文学作品了解它（曹昭：《格古要论》卷下《古窑器论》）。直至 20 世纪定窑遗址的发掘，红定实物才重新被发现（冯先铭：《新中国陶瓷考古的主要收获》，《文物》1965 年第 9 期，第 35—45 页）。

③ 王建荣、杨正宏主编《古韵茶香：镇江博物馆馆藏历代茶具精品展》，浙江摄影出版社，2012，第 72 页。

墓葬建筑是中国人的宇宙观以及看待人存在于今世和来世的观念之重要体现。及至宋朝，反映在中国墓葬设计中的两个最广为接受的主题是永生和来世。几乎墓葬设计的各个方面——包括布局、装饰和陪葬都传递着这两个观念。[①] 然而，章岷墓大大偏离了这两个主题。章墓简朴的无砖石铺底的墓穴中没有任何设计与永生、来世有关。墓室的大小仅够容纳棺木和墓志石，墓中找不到任何为来世的地下家居生活或永恒的世界而做的空间设计。取而代之的是，墓中有一些简单却价值很高的物品，体现出章岷优雅而精致的品味，把坟墓变为他的个人风格和美学趣味的展示场所。墓志不是关于永生的仪礼陈述，而是叙述章氏家族的书香传统以及章岷身为朝廷命官的个人生平和功绩。整个墓葬包括它的建筑及随葬品所展现的都说明了宋朝葬仪的一个新发展。这一发展出现于 11 世纪晚期，与士大夫这一社会阶层关系尤为密切，他们开始把坟墓作为展示个人人格特质和文化身份的空间，而不是对永生和来世等传统信仰的反映。[②]

章墓中没有仿古器，它展示出一种新发展的士大夫墓葬观念，而它的结构也为我们讨论另一墓葬——发现于浙江平阳的黄石（卒于 1175/1176 年）墓——提供了一个必要的背景。[③] 据墓中发现的墓志，黄石是一位受人尊敬的学者，曾任多个州府学的教授，之后被征召充任宗学里的教授（教年幼的皇室子弟）。[④] 和章墓一样，黄石墓也体现了士大夫墓

---

① 在宋朝，这种传统习俗仍在士大夫阶层之外盛行，一个非常好的例子是白沙 1 号墓的结构（宿白：《白沙宋墓》，第 23—63 页）。

② 关于 11 世纪宋朝士大夫打破墓葬构造的既有传统，Kuhn 的 *A Place for the Dead: An Archaeological Documentary on Graves and Tombs of the Song Dynasty（960 - 1279）* 一书中有很好的描述。

③ 《浙江平阳县宋墓》，《考古》1983 年第 1 期，第 80—81 页。

④ 周必大这位南宋初期的宰相和士林领袖也为黄石写了一方墓志，不过与从黄的墓中发现的墓志不一样（周必大：《文忠集》卷 32）。目前尚不清楚为何周撰写的墓志没有用于黄的墓中。

的品性特征——规模适度，建筑简朴。墓中出土的少量随葬
品包括一面铜镜、几件瓷器和一方刻有他名字的石印。还发
现了四件不寻常的仿古青铜器，包括一件镈钟、一尊鼎和一
对被称为"钫"的方瓶（图 3.29）。① 这四件青铜器的周身
都装饰着古礼器上常见的纹饰。钟的高音区饰有夔龙纹，低
音区饰有饕餮纹，底边饰有涡纹。鼎身腹部有三角云雷纹，
鼎足的上部为兽头，下为兽爪。钫瓶的颈部饰有方涡卷的雷
纹，瓶腹交缠着带状纹饰，瓶足饰有夔龙纹。然而，这些十
分风格化的古纹饰呈现的是宋朝器物而非上古实物的特征。
一种近似的装饰样式也见于河北宣化金代窖藏出土的宋朝青
铜壶之上（图 3.30 左）。②

图 3.29　黄石墓出土的仿古青铜器，12 世纪晚期。浙江平阳。（左）
镈钟，高 25.5 厘米；（中）钫对瓶之一，高 19.4 厘米；
（右）方鼎，高 13.5 厘米。郑嘉励：《从黄石墓铜器看
南宋州县儒学铜礼器》，《浙江省文物考古研究所
学刊》第 9 辑，第 351 页，图 1-3

　　一方面，宣化壶借用了见于吕大临《考古图》中的一件
古瓶的形状和元素（图 3.30 右）。另一方面，它赋予了仿古
纹饰当代定义，从而背离了它的古代样本——器身上那些蛇

---

①　郑嘉励：《从黄石墓铜器看南宋州县儒学铜礼器》，《浙江省文物考
　　古研究所学刊》第 9 辑，科学出版社，2009，第 351 页，图1-3。
②　《河北宣化发现金代窖藏文物》，《考古》1987 年第 12 期，第 1142—
　　1143 页。

图 3.30 （左）带仿古纹饰的宣化瓶图，12 世纪中至 13 世纪，青铜，
高 19 厘米，河北宣化，《河北宣化发现金代窖藏文物》，
《考古》1987 年第 12 期，第 1143 页，图 4。（右）召
中丁父壶，吕大临：《考古图》卷 4，
明初本，15 世纪

一般缠绕的带状纹饰不再被理解为盘龙，而是填充了涡卷和
平行线条组成的抽象图案。另一个例子是黄石墓中的青铜鼎，
它的形状令人想起四川大邑一个宋窑出土的青白瓷鼎（图
3.31）。① 尽管这两尊鼎是用不同的材质制造的，前者是青铜
而后者是陶瓷，但它们在形制上有相同的细节——二者都是
平口，短颈，鼓腹位置较低，以及顶上带兽头的弯足从器身
侧面而非底部伸出。器身的 S 形轮廓和三足的位置让这两个器
皿有了一种当代感，这是政和鼎这类模仿古代原件的器物上
完全没有的。采用当代解读而避免直接模仿古代形制，这种
认真自觉的努力让古物从追求仪礼精确性的目标，转变为一
种美学想象的出发点。因此，黄石墓中放置青铜仿古器，与
在墓中放置青铜礼器的古代做法——此为受来世信仰引导的
葬俗之一——似乎有某种逻辑联系。② 但我们应特别审慎地看
待这种联系，它不过是对古代葬仪的一点象征性致敬，因在

---

① 《四川大邑县安仁镇出土宋代窖藏》，《文物》1984 年第 7 期，第 91—
94 页。
② 陈芳妹：《青铜器与宋代文化史》，台北：台湾大学，2016，第 130 页。

此墓中全然不见那种代表来世的重要观念。因此，重要的是应认识到，这些仿古器在这里的用法是充当墓主的背景，就像黄石墓那样，以一种合乎礼仪的葬式展示他们的精英身份。

图3.31 仿古纹饰青瓷鼎，12世纪中至13世纪，陶胎绿釉，高7厘米。四川大邑。《四川大邑县安仁镇出土宋代窖藏》，《文物》1984年第7期，第91—92页。作者摄

把仿古器作为美学表达的近似用法也见于杜师仉（卒于1159年）之墓。杜是南宋初的一名中级官员，其墓中出土了一件独特的石雕——一个装饰着古风图案的簋（图3.32）。① 此簋为石质，有硬而光滑的触感和白色莹润的光泽，展现出汉白玉雕刻的特性。与这个石簋一起出土的还有一面唐代的古镜和一件以因其红色光泽而被称作"鸡肝石"（chicken liver rock）的石头做成的砚台。这些物品属于赵希鹄（1170—1242）所著《洞天清录》一书讨论到的一组器物。该书是一本品鉴指南，包括对古董、仿古什物、奇石、文房雅器以及书画作品的鉴识。② 以杜墓出土器物为代表的

① 《高安清江发现两座宋墓》，《文物》1959年第10期，第86页。
② 陈云倩：《南宋墓葬与窖藏中的仿古器》，《美术史研究集刊》第38期，2015年，第75—80页。对自宋至明时期关于品位和鉴赏著述的讨论，参看 Clunas（柯律格），*Superfluous Things: Material Culture and Social Status in Early Modern China*, Cambridge, UK: Polity, 1991, pp. 8 - 39。

所有这些器物品类组合，将在之后数百年间变成一种表达士大夫品味的标配。

图 3.32 杜师伋墓出土的仿古纹饰簋，12 世纪，石质，高 8 厘米。江西清江①。古方主编《中国出土玉器全集 9》，第 95 页

宋朝物质文化中流行的古风

南宋时期，仿古器变得越来越流行。一些学者认为它们的流行始于徽宗礼制改革后新的仪礼规范的实施。② 另一些学者则提出仿古器的融合，特别是用在佛教、道教法事上的香炉等，促进了仿古器在非国家赞助的仪礼语境中的传播。③ 到 13 世纪中叶，各种各样的仿古器物被商家作坊大量生产出来，通过市场贩运到各地以满足社会各阶层的需求。近几十年的考古发现明确地证明了这一点，特别是四川的窖藏，出土了数以百件的青铜、陶瓷、金银和玉

---

① 今改名樟树市。——译者注

② 许雅惠：《宣和博古图的间接流传——以元代赛因赤答忽墓出土的陶器与绍熙州县释奠仪图为例》，《美术史研究集刊》第 14 期，2003 年，第 1—26 页；陈芳妹：《追三代于鼎彝之间——宋代从"考古"到"玩古"的转变》，《故宫学术季刊》第 23 卷第 1 期，2005 年，第 267—332 页。

③ 谢明良：《探索四川宋元器物窖藏》，《区域与网络：近千年来中国美术史研究国际学术研讨会论文集》，台北：台湾大学，2001，第 141—169 页。

石仿古器。① 这些窖藏之一，1991 年发现于遂宁，出土了大量不同种类的仿古器，其中多数来自龙泉（在今浙江）和景德镇（在今江西）的白色或淡青色釉面瓷。作为 13 世纪瓷器的商业生产中心，这两个城市为国内和海外市场供应了高品质的瓷器。②

　　鉴于遂宁窖藏发现的物品数量之巨，如此大的数量不可能出自一家或几家之家居日用，学者们推测该窖藏属于一家从中国东南——这批物品中的大多数产地——贩运货物到四川的当地贸易商号。窖藏中发现的铭文提到当地一家商号名称，似乎也支持了这一推测。③ 该窖只是一个没有任何支撑建筑的简单地穴，这种临时的状态表明它很可能是在 1230年至 1240 年间蒙古军队攻入时为了免遭抢掠而仓促修成的。遂宁窖虽然地穴损坏严重，但窖藏物品被保护得令人惊叹的完好。多数器物是龙泉窖青瓷和景德镇窖的青白瓷。从这些器物的涂釉、上色和陶胎制作等的一致性来看，它们很可能是在同一时期，或为 13 世纪初期至中期，出产自龙泉镇和景德镇一个或数个有密切关系的瓷窑。

　　遂宁窖藏发现了两大重要的仿古器类型。第一类是有着阔口和直身或圆腹以及三足或圈足的矮容器。这些矮容器形制包括鼎、鬲和簋等古礼器样式。这些矮容器还可以按其大小进一步分为两大组：高度或直径大于 15 厘米的大型器和高度小于 10 厘米的小型器。尽管大小的区别很明显，但形制和大小之间没有显著的联系，一种特定形制既有大型器，也有小型器。从 12 至 13 世纪墓葬中出土的考古证据表明，

---

① 《四川遂宁金鱼村南宋窖藏》，《文物》1994 年第 4 期，第 4—28 页。
② 对韩国新安郡沿海沉船残骸的发掘，发现了龙泉和景德镇生产的用于外销的大量仿古器。Bureau of Cultural Properties, *Relics Salvaged from the Seabed off Sinan*, Seoul: Dong Hwa, 1985, 插图 49 - 50。
③ 陈德富：《遂宁金鱼村窖藏宋瓷三议》，《四川文物》1997 年第 5 期。

不拘形制和材质的大型矮容器被用作祭拜时使用的香炉。[①]
例如，在一个 1190 年的墓葬中，一只装饰有仿古纹样的石
簋和其他器物一起被放置于供桌之上（图 3.33）。[②]

图 3.33　阎德源墓出土的簋形香炉，1190，石质，高 14 厘米。
山西大同。《大同金代阎德源墓发掘简报》，《文物》
1978 年第 4 期，第 12 页，图 38

这只石簋被发现时保持着它的原始状态，内中盛有香
灰，表明它是用来祭祀的。另一座在西安的 1266 年的墓葬，
出土了三件不同样式的大型陶香炉（一件鼎和两件鬲），它
们与两尊钫瓶放置在一起。[③] 这些陶器在供台上保持着原始
的摆放位置，所有的香炉中都有香灰，表明它们也曾用来拜
祭（图 3.34）。除了大型香炉外，墓中还发现了小型仿古
器——但是用在不同的仪礼场合。在一座 1190 年的墓中，
发现了一件与一些文房用品放置在一起的小鼎，用来摆放它
们的小桌已经坍坏（图 3.35）。[④] 由于小桌的损坏，我们无

①　最能说明中国香炉类型演变的是耀州瓷炉（产于今陕西。原文作
　　"shanxi"，疑误。——译者附注）。自 9 世纪以来，原本用于佛教仪礼
　　场合的五足香炉到 12 至 13 世纪被仿古形制的香炉（典型的样式为鼎
　　和鬲，或尊和簋）所取代。陕西省考古研究所、耀州窑博物馆编著
　　《宋代耀州窑址》，文物出版社，1998；Rawson（罗森），"The Many
　　Meanings of the Past in China," *Die Gegenwartdas Altertumns，Formen und*
　　Funktionen des Altertumsbezugs in den Hochkulturen der Alten Welt，Dieter Ku-
　　hn and Helga Stahl eds.，pp. 397 – 421。

②　《大同金代阎德源墓发掘简报》，《文物》1978 年第 4 期，第 1—13 页。

③　《西安曲江池西村元墓清理简报》，《文物参考资料》1958 年第 6 期，
　　第 57—61 页。

④　《大同金代阎德源墓发掘简报》，《文物》1978 年第 4 期，第 38 页，图 2。

法确定小鼎和其他器物在桌上摆放的位置和关系。但是，大型器被放在供台上用作祭拜香炉，而同类小型器则与其他文房用品放在一起的这一事实，颇令人好奇。

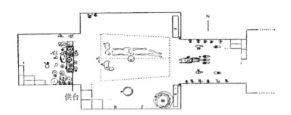

图 3.34　段继荣墓平面图和礼器按原始的供台摆放的位置，1266。
陕西西安。《西安曲江池西村元墓清理简报》，《文物
参考资料》1958 年第 6 期，第 58 页，图 5

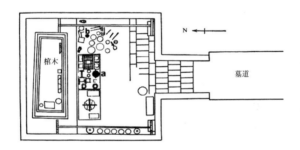

图 3.35　阎德源墓平面图和大（a）小（b）香炉摆放的位置，1190。
山西大同。《大同金代阎德源墓发掘简报》，《文物》
1978 年第 4 期，图 2

　　小型仿古器与文人书房的关系在一些士大夫墓葬中清楚地展现了出来。杜师偈墓中的一件只有 8 厘米高的小石簋被发现与一些文房雅器或珍藏品放置在一起。在南宋晚期至元朝早期的一位名为鲜于枢（1257—1302）的士大夫书法家和收藏家的墓中，出土了一件龙泉瓷小鼎。这件龙泉瓷小鼎被发现放置于鲜于枢的文房物品之中，包括三支毛笔（俱已朽化，仅存配件）、一方端砚、两件玉镇纸、两件晋朝和唐朝时期的玉佩饰、一面唐镜和两方刻有其姓名的青铜印章——

鲜于枢生前常用来钤印在收藏的古董或自己的书法作品上以表示所有权或著作权。① 小型香炉、古董和文房用品的组合也常在宋朝绘画里有所表现，作为文人风雅背景必不可少的配置。② 从大香炉与供坛、小香炉与士大夫文房用品的关系来看，似乎可以合理推测遂宁窖藏中的大小香炉是用于不同场合的——大香炉用于宗教祭祀，而小香炉用于俗世日常。它们超出一般的品质和数量之大，也说明这些香炉很可能是面向精英顾主的高端商品，而不是用来埋葬的。

遂宁窖藏出土的第二类仿古器是圈足瓶。最普遍的是小口下部鼓腹的长颈瓶。一些瓶有外翻的口沿（侈口）。从附加物或装饰来看，有些瓶颈上部带两个管状贯耳，有些则是在颈部有弦纹（图 3.36）。出土的还有长方形的瓶，叫作"琮"，仿照的是新石器时期玉琮的形制（图 3.37）。③ 这些瓶子虽然形式不一，但它们都有一个功能即插花和盛装净水。④ 自 10 世纪以来就常见于绘画中的一种普遍的佛教习俗，显示出供桌上通常是两个花瓶和一个香炉放在一起（图 3.38）。⑤ 在前文讨论过的那座 1266 年墓葬中，我们看到近似但更为复杂的摆法：两个相当大的钫瓶和三个鬲式香炉，全是陶制的，围着中间一个大香炉呈对称排列。供桌摆放的位置是对着墓

① 《杭州市发现元代鲜于枢墓》，《文物》1990 年第 9 期，第 22—25 页。
② 参见据信为刘松年（1174—1210 年在世）所作的《斗茶图》所绘细节。台北"故宫博物院"编辑委员会主编《故宫书画图录》第 2 册，台北："故宫博物院"，第 123—124 页。
③ 这类琮瓶通常是成对出土的，关于琮瓶演化的讨论，参看谢明良《琮瓶的变迁》，《故宫学术季刊》第 23 卷第 1 期，2005 年，第 429—454 页。
④ Rawson（罗森），"Novelties in Antiquarian Revivals: The Case of the Chinese Bronzes,"《故宫学术季刊》第 22 卷第 1 期，2004 年，第 1—24 页。
⑤ Whitfield and Farrer, *Caves of the Thousand Buddhas: Chinese Art from the Silk Road*, London: British Museum Press, 1990, No. 76A. 尽管敦煌壁画中描绘的花瓶和香炉器形与宋朝窖藏中所见的仿古器并不相同（图 3.38），但花瓶和香炉的摆放组合明显相近。

主的头而非像大多数墓葬那样对着脚，说明墓主不是被供奉的对象而是献祭者。摆放的位置也指明了器物的仪礼性质，从而证实了器形大小与仪礼功能的相关性。① 从鲜于枢墓的情况看，两个贯耳青瓷小瓶与一尊龙泉窑小鼎和其他文房用品放在一起。这种小型器的组合呈现出仿古器物用于宗教语境与用于俗世语境的有趣对比，表明一种基于大小的功能区别。②

图 3.36 四川遂宁窖藏出土的龙泉瓷瓶，约 13 世纪中，陶胎绿釉。（左）弦纹长颈瓶，高 31.2 厘米；（右）贯耳长颈瓶，高 16.7 厘米。《四川遂宁金鱼村南宋窖藏》，《文物》1994 年第 4 期，第 20 页，图 47、48

仿古瓶也被用于家居摆设。一个例证出自许峻墓，在那里发现了一个银瓶装着一只匙子和一双筷子。③ 这个瓶子器身呈梨形，比一般的长颈瓶矮些，装饰着仿古器上常见的弦纹，明显地模仿吕大临《考古图》中的父乙卣（图 3.39）。稍早些的类似瓶子也有发现，材质包括银、青铜

---

① 此墓墓主段继荣是南宋将领，12 世纪 30 年代中期蒙古军进攻时投降于蒙古。《西安曲江池西村元墓清理简报》，《文物参考资料》1958 年第 6 期，第 57—61 页。

② 迄今发掘的多数宋朝士大夫墓都已被盗或破坏，因而还没有发现足够的摆放组合的例证来支持任何结论。事实上，鲜于枢墓是迄今为止笔者从已发表的宋墓报告中找到的唯一案例。

③ 《福州茶园山南宋许峻墓》，《文物》1995 年第 10 期，第 26 页，图 11。此瓶是南宋时期的一种箸瓶，用于宴会中盛放筷子，孔齐《至正直记》卷 1 中亦有提及。

图3.37　四川遂宁窖藏琮瓶，约13世纪中。（左）龙泉琮瓶，陶胎绿釉，高27厘米；（右）波浪纹石琮对瓶，高17厘米。《四川遂宁金鱼村南宋窖藏》，《文物》1994年第4期，第7、11页，图5、26

图3.38　敦煌莫高窟第17窟《金刚经》壁画正面，10世纪早期，彩色水墨画，高14.2厘米。伦敦：大英博物馆

和釉陶（图3.40）。① 这些较早的标本数量较多，明显属于包括筷子、羹匙、碗和杯等在内的一大套餐厨具的一部分。

　　宗教仪礼与日常活动的功能有助于解释特定种类的仿古

---

① 例证包括成都窖藏出土的4件银瓶、阆中窖藏的8件铜瓶和大邑窖藏的12件釉面瓷瓶（如上所论）。这三处出土的窖藏均在四川（《成都市彭州宋代金银器窖藏》，《文物》2000年第8期，图10；《四川阆中县出土宋代窖藏》，《文物》1984年第7期，图24；《四川大邑县安仁镇出土宋代窖藏》，《文物》1984年第7期，图10）。

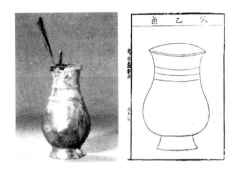

图 3.39　（左）许峻墓出土的弦纹瓶，1272，银质，高 14.5 厘米。
福建福州。《福州茶园山南宋许峻墓》，《文物》1995 年
第 10 期，第 26 页，图 11。（右）父乙卣。吕大临：
《考古图》卷 4，郑朴本，1600

图 3.40　样式近似但材质各异的小胡瓶。（左）银质，高 15.2 厘米。
《成都市彭州宋代金银器窖藏》，《文物》2000 年第 8 期，
第 9 页，图 10。（中）青铜，高 14.8 厘米。《江油县发现宋
代窖藏》，《四川文物》1987 年第 2 期，第 64 页，图 6。
（右）陶胎深绿釉，高 15 厘米。《四川大邑县安仁镇出土宋
代窖藏》，《文物》1984 年第 7 期，第 93 页，图 10

器的生产。尚古学者的著述，如吕大临的《考古图》和宋徽
宗敕撰的《宣和博古图》等书描绘的所有古器中，只有几种
类型器物被商业生产，遂宁窖藏的出土印证了这一点。鼎、
鬲和簋经常被制作成香炉，竖瓶如壶、瓿和琮经常被做成花
瓶和水瓶用在供桌或餐桌之上。尽管早期的宋朝尚古学者已
经仔细构建了分类，但仿古器还是融汇成了五花八门的两大

组合，这两种组合归类并非由它们的性质特点或仪礼象征性决定的，而是由它们的实用功能决定的。① 那些古物类型，诸如甗（双层蒸锅）和爵（高脚酒杯）等不太容易归入香炉或花瓶类别的，被用来制作仿古器仅仅是因为它们在中国古代的象征意义。这类器物也见于彭州的窖藏中，这里出土的甗呈现出与它的古代范样很强的亲缘关系，却没有实用功能。②

有些古形制被大大改动，从而产生出一种新形制以适合当代的用途和时尚，如长颈瓶就是通过去掉古"壶"的唇缘和把手修改而来的。而另一些情况则是，某些之前很边缘的类别，由于它们的功能或仿古的需求而变为商品生产的主流品类。例如温壶，一种秦汉时期的酒器，以其独特的外形在今天一般被称作"蒜头壶"（garlic bottle），因为它的形制不是来自上古的商周时代而被权威专家等而次之（图 3.41）。③然而，这类器形在多个地方被发现，如四川广安一个窖藏出土了一对壶，一同出土的还有十几件仿古青铜器；新安沉船打捞出来的商品中有一件青铜鼎和一件青瓷鼎。④

① 笔者认为商周青铜礼器的分类图录对于重构宋徽宗想象的古代国家礼制至关重要。陈云倩，"Cataloguing Antiquity：A Comparative Study of the *Kaogu tu* and *Bogu tu*，" *Reinventing the Past：Archaism and Antiquarianism in Chinese Art and Visual Culture*，Wu Hung ed.，pp. 207 – 225。
② 韩巍：《宋代仿古制作的样本问题》，《宋韵——四川窖藏文物辑粹》，第 288—295 页；陈云倩：《南宋墓葬与窖藏中的仿古器》，《美术史研究集刊》第 38 期，2015 年，第 51—83 页。
③ 参看宋徽宗敕撰《宣和博古图》卷 13 中有关温壶 1—4 的考论。
④ 广安窖藏中出土的仿古温壶又称作"蒜头壶"，属于一套共有相似风格特征的仿古铜器，该窖出土多套不同风格的仿古铜器（李明高：《广安县出土宋代窖藏》，《四川文物》1985 年第 1 期，第 67—70 页；陈云倩：《南宋墓葬与窖藏中的仿古器》，《美术史研究集刊》第 38 期，2015 年，第 71—72 页）。从韩国新安郡沉船中打捞出来的器物包括许多生产于 13 世纪晚期的商品 [Chong，"Ceramic Wares Recovered off the Coast of Korea，" *Arts of Asia*，Vol. 11，No. 4，1981，pp. 104 – 112；Bureau of Cultural Properties，*Relics Salvaged from the Seabed off Sinan* (Materials I)，No. 219a，b]。

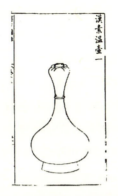

图 3.41　汉素温壶。《宣和博古图》
卷 13，四库本，1782

　　尽管不受朝廷重视，此类仿古瓶仍被各个私人商业作坊大量生产，可能是受国内和海外市场需求刺激所致。[1] 可以看到在 12 至 13 世纪仿古器的生产中，应用的古纹饰已经脱离了规定的价值体系而获得了自由，如 1168 年的瓶和莫斯瓶所展示的那样，综合了仿古图案和当代的纹样。四川彭州一座窖藏出土的一件 13 世纪的银瓶，体现了这种应用的极致（图 3.42）。[2] 此瓶器身上有两排常见于商周时期的蝉纹，不过这一改良版的古纹饰已经简化成了三角形，里面填充着由缠绕的图案组成的兽面。变异的蝉纹、缠绕的龙纹与翻卷的云纹交替排列在器物表面，营造出一种视觉的冲击力。这类装饰着复古纹样的瓶在中国被称为"胡瓶"，最初起源于中亚。[3]

　　此瓶把古典和异域风的对比向前推进了一步，顶钮是一

---

① 这种器形也见于浙江海宁智标塔地宫出土的器物中。
② 《成都市彭州宋代金银器窖藏》，《文物》2000 年第 8 期，图 16.2。
③ 类似的式样历史上也叫胡瓶，是在唐朝时期（8 世纪）由粟特人引进中国的。居住在中亚地区的粟特人自 3 世纪至 18 世纪就沿着丝绸之路从事着贸易活动（齐东方：《唐代金银器研究》，中国社会科学出版社，1999，第 306—310 页）。

头大象立于莲花之上。宋人已知的商周青铜器中的确有象形或者象纹装饰的，《宣和博古图》中的"周象尊"条目就有所展示。[1] 立象的装饰图样可能来自吕大临《考古图》中的象尊线描图（图 3.42），该图显示一头写实的大象站在瓶顶，瓶子是装饰着弦纹和兽头环耳的汉式样。[2] 图录中的该条目将此瓶与《周官》中的仪礼经文联系起来，经文规定带有大象主题纹饰的器皿是用于春秋季祭祀的。该条目还指出，关于此类礼器较早的文字描述与宋朝发现的器物不相符，暗示实物的真实可靠性胜过任意揣测的描述。在彭州象瓶身上，写实的大象形制已经从古典礼器上转移到了突出仿古纹饰和佛教象征意义的异域风格的银瓶上了。

图 3.42　（左）仿古纹饰象尊，13 世纪末，四川彭州南宋窖藏，银质，
　　　　　高 31.6 厘米。彭州市博物馆。《成都市彭州宋代金银
　　　　　器窖藏》，《文物》2000 年第 8 期，第 11 页，图 16.2。
　　　　　（右）象尊。吕大临：《考古图》卷 4，郑朴本，1600

① 宋徽宗敕撰《宣和博古图》卷 7，现代出土的类似器物，如 1975 年湖南醴陵出土的一件，颇不同于宋朝宫廷收藏的象瓶，缺少商周的纹饰。然而，这幅宋朝描摹图像与湖北省博物馆的一件象形器，在自然主义的演绎和器身线条上显示出不可思议的亲缘关系。吕章申主编《江汉汤汤：湖北出土商周文物》，北京时代华文书局，2015，第 72 页。

② 吕大临：《考古图》卷 4。（承作者见告，虽然《考古图》解释此器引用了《周官》，但由图像特征判断，此器有汉代的纹样器形，故称为"汉式"。——译者附注）

结　语

在宋朝后期仿古器的商品生产中，仿古形制和纹饰从规定的仪礼象征中分离出来，宣告仿古被全面地融合进了视觉的和物质的流行文化之中。古形制和纹样得以自由采用：全部或部分地，以其原型或以改良形式，用在宗教的或世俗的语境中，以及融合其他来源的形制和纹样。也许使整个复古主义流行成为可能的关键力量是仿古器的商品化生产——这一进程由南宋朝廷于 12 世纪中期开启。从 1127 年金人攻占宋朝汴京的那场灾祸中逃离出来后，劫后余生的少数皇室成员在南方刚刚站稳脚跟，发现一切都已失去。金军掠走了皇家收藏的全部古青铜器，以及包括大晟编钟在内的所有改制礼器，而宋徽宗被囚禁了近 10 年，直至 1135 年孤独死去。[①] 由于没有合适的礼器，新即位的宋高宗不得不在举行登基大典时使用陶制、木制和竹制的礼器。[②]

但这些权且使用的礼器是很成问题的，不仅因为它们材质低劣，也因为它们形制不正确。侥幸逃出的宋廷在迁徙中丢失了皇家图录，也没有什么途径可以获得有关古礼器的可靠信息。当朝廷终于在 1142 年至 1143 年重新得到一本皇家图录时，皇帝立刻诏令，在龙泉的本地瓷窑按照记载在图录里的正确形制再造所有的礼器。存世的南宋仿古瓷器标本，例如北京故宫所藏的贯耳胡瓶，的确证实了南宋朝廷所造的仿古器与皇家图录里的线描图之间的密切关系（图 3.43）。出于利用本地便利条件的需要且由于缺乏铸造青铜器的原料，高宗朝廷已经接受将具有历史悠久的传统制瓷工业的南

---

① 许雅惠：《南宋金石收藏与中兴情结》，《美术史研究集刊》第 31 期，2011 年，第 1—60 页。

② 关于南宋朝廷此段的论述，依据的是徐松《宋会要辑稿》卷 14、24。

方所产瓷器和青瓷作为制造国家礼器的合宜材料。至1146年，当宋廷准备在新都城临安（今浙江杭州）城外举行南郊祭天大典时，所有必需的礼器都由本地最好的瓷窑按照可靠的古代样式制作而成。在朝廷最终于1149年建立官窑——专为皇室生产瓷器的机构——之前，礼器由商业作坊承造，这些作坊也为大众市场提供产品。①

图 3.43　（左）贯耳胡瓶，官窑青瓷，高 23 厘米。北京：故宫博物院。（右）周贯耳壶。《宣和博古图》卷 12，四库本，1782

借由既为皇室也为民间进行生产的窑口，朝廷授权定制的仿古器就这样对一般市场的时尚产生了直接的影响。在此过程中，仿古的形制和纹样从高度规范化的仪礼安排中释放出来，被应用于范围更广的语境中，包括佛教和道教崇拜、居家日常、私人文房、葬礼场合，成为文化或视觉产品应用的基本元素，适合于各种目的。仿古器作为一种政治象征物得到宋徽宗的支持，被用于他重新施行古礼的努力之中；作为一种文化标识，其也被虞公著这类喜好古代形象的士大夫阶层用于构建他们的文化认同。在南宋，作为更广泛融合的结果，由精英独擅的仿古图像，开始转变为大众文化的组成部分。

---

① 李民举指出该官窑设立不晚于1149 年（《宋官窑论稿》，《文物》1994年第 8 期，第 47—54 页）。

结语　宋朝尚古运动的遗产

在宋朝，经过一个选择和转化的过程，古代器物被收集并进入宫廷和私家收藏之中，成为被膜拜、研究和鉴赏的有价值的物品。在这个过程中，古物作为遗存或圣物获得了一种全新的集体身份。至于古代铭文，则以墨拓的形式获得了一种具有创新性的材质，使它们能够以其原始状态下不可能的方式被利用。器物的收藏促进了尚古学者著述的出版，除了描述细节，这些著述还在特定的意识形态语境下阐释器物的历史和仪礼意义。对器物进行解释所采取的意识形态立场，很大程度上取决于宋朝尚古学者个体的多重社会角色。随着宋朝社会日益多元化，古器物的形象被复制、借鉴或挪用，以满足各种各样的当代需求。当皇室成员和士大夫阶层（the literati class）以古器实物为标本，制造出满足他们特定需要的器物时，商品化的大批量生产也促进了古代视觉图像的流通，使其超越了士大夫的圈子而进入整个宋朝社会。

宋朝尚古运动的一个典型特征是对古代器物的利用。这些器物所起的重要作用，标志着宋朝尚古运动有别于之前所有的复古主张。在先前的复古运动中，崇古者依赖古文献来构建他们主张的理论基础。宋朝尚古运动在延续这一传统的同时，兼用器物和文献，而非仅用文献，作为研究的基础。正如我们在欧阳修、李公麟、吕大临和董逌的例子中所看到的那样，宋朝尚古学者们在解释古代时从古器物上获取证据，并将证据与相关文献交叉考据，而不是仅仅基于经典文本和史书记述来推测历史事件和古代仪礼。

作为涵盖了社会很大一部分物质资源的一种文化现象，宋朝尚古运动囊括了通往古代的种种途径。尽管有着共同的复古目的，这些途径在信仰、方法和材料等方面却各不相同。最重要的两个关注点是仪礼和历史。从礼学一途看，古代被看作理想社会制度的起源，这种理想的社会制度以古圣人（ancient sages）所设立和古经书（ancient canons）规定的良好礼俗来规范。从历史学一途看，古代被视为人类行为典范的源头，而这种行为典范体现在微言大义的古文记述里。尽管这些途径在理论上是互补的，但当它们被用来为不同的政治立场辩护时，张力就出现了。我们看到这种张力最强烈地展现在以王安石为首的新党和以司马光为首的旧党之间的政争上，他们在 11 世纪后期就施政措施孰是孰非有过激烈的争论。①

怀着对礼经《周官》（亦称《周礼》，成书于公元前 1 世纪）订立的体系所体现的理想社会坚定不移的信仰，新党相信只要按照古代经典所描绘的理想社会重建规范，现实社会就能通过改革变得更好。旧党则认为，学习古代，与其模仿古代的社会和仪礼制度，不如学习古人的伦理道德，尤其是史书《春秋》记载的圣王君子、志士仁人，他们就是最好的榜样。在很大程度上，通往古代的仪礼途径与历史途径二者的对立，是新旧两党更大的哲学观念之争的一部分；是以国家为中心、自上而下的礼制改革，还是依赖个人，特别是君主及其博学的官员的道德权威来使国家和社会制度运作，这是二者之间对立的一部分。

---

① *The Cambridge History of China*, Vol. 5, Part I, *The Sung Dynasty and Its Precursors*, *907 - 1279*, Denis C. Twitchett（崔瑞德）and Paul J. Smith（史乐民），eds., Cambridge: Cambridge University Press, 2009。

古代成为历史真实性的来源

尽管这一点已经相当确定，即宋朝尚古运动起源于几位尚古学者，如欧阳修和刘敞等人的活动，他们于 11 世纪中叶开始收藏古物并发表他们的收藏；然而，解释该运动如何演变成宋朝社会一个广泛传播的文化现象的概观尚待构建。两个既分开又关联的历史发展，推动了此运动的参与从社会精英小集团扩大到更广泛的社会层面。从相同的知识和文化氛围中产生的这两种历史发展，是由非常不同的思想前提推动的，涉及了各种不同的古物研究材料。这些不同最终导致这场运动的性质多元化。

该发展进程的肇始与欧阳修和他的朋友圈有着密切关系。考诸欧阳修的收藏集录——《集古录》，可见欧阳修的朋友对他的古物创新收藏贡献良多，虽然此书只有他的署名。欧阳修和其朋友圈协作最为人所知的例子或许是该集录第一章讨论到的晋姜鼎条目。此件青铜器铭文是刘敞送给欧阳修的，前者也是一位宋朝尚古学者先驱，他为欧阳修的收藏至少贡献了另外 9 件铭文。[1] 欧阳修收藏的其他捐助者包括宋祁（998—1061）、江休复（1005—1060）、杨南仲、文同（1018—1079）、谢景初（活跃于 11 世纪中期）[2] 和苏轼。[3] 欧阳修与他的圈中人的合作表明，收藏古铭文拓片的做法已经在 11 世纪中晚期成为知识界的一大潮流，对古物特别有兴趣的士大夫们纷纷参与其中。欧阳修最感兴趣的古

---

① 关于欧阳修收藏里刘敞所送的青铜器铭文，参看《集古录跋尾》卷 1。
② 按，谢景初卒于宋神宗元丰七年（1084），年 65（虚）岁，则生当在宋真宗天禧四年（1020）。参见范仲淹《范忠宣集》卷 13《谢公墓志铭》。——译者注
③ 《集古录跋尾》卷 1。

物研究是要恢复历史的真实性。对于欧阳修来说，古铭文不啻一个历史记录的宝库，其真实性毋庸置疑。正因如此，这些古代遗迹可以用来校正前人流传下来的史书及注疏中存在的问题——这正是欧阳修在讨论他所藏古铭文的跋尾中一再从事的工作。他认为古物是历史真相的一个源泉，这种看法引起了刘敞的共鸣，后者相信一个古文物学者应该将历史记载与古铭文进行交叉考察，以校正史书流传中的舛误。①

12 世纪，这种专注于古物历史价值的士人风尚继续得到体现，其中最著名的代表人物是《金石录》的作者赵明诚。该书出版于 1132 年，李清照写的后序。他在该书序言中清楚地表述了他对古代材料历史真实性的深信不疑："（史书）有不可诬而又传之既久，理当依据。若夫岁月地理官爵世次，以金石考之，其抵牾十常三四。盖史牒出于后人之手，不能无失。而刻词当时所立，可信不疑。"②

11 世纪 60 年代初，欧阳修在刘敞的帮助下，将古青铜器铭文收入《集古录》之中，这对于历史学研究方法的发展意义尤其重大。欧阳修与他的朋友们的合作大大地扩展了史料宝库，他们借助古物材料追寻古代的历史真实性。大量的事例表明，欧阳修、刘敞等尚古学者利用古青铜器铭文来解决后人撰写的史籍和注疏文本中普遍存在的问题。拓墨技术的应用大大便利了古青铜器铭文的收录，青铜器拓印技术首次见于记载是在宋仁宗 1053 年检阅古青铜器时。不像大多数石刻碑文刻于公开展示的石头表面因此可见度较高，青铜器铭文经常刻于器物内壁，因而除了极少数例外，它们多深藏不见。拓墨技术直接应用于古青铜器铭文，把它们从青铜器内壁转拓到纸张上，使这些通常不引人注意的铭文能为宋

---

① 参看本书第二章有关刘敞的古代观念的讨论。
② 赵明诚：《金石录序》。

尚古学者们所用。拓墨技术让古青铜器铭文能够易于收藏和研究，如石刻铭文一样。欧阳修收藏中青铜器铭文和石刻铭文的兼容并纳，为尚古运动树立了一个榜样，标志着这两种媒介相联系的开始。这种联系逐渐被用来通指中国学者的古物研究学问即"金石学"。

使用拓本而非古董实物来探究历史的真实性是宋朝尚古运动的一个重要特征。这看似奇怪，但欧阳修的确认为一本拓片比古物本身更真，即便拓片拓取的是器物的铭文而非它的整个物质形态。欧阳修在对真实历史的追求中把拓本放在了优先位置，这与拓本既能捕捉古铭文的内容，又能呈现铭文与承载它的器物之间的关系有关。古铭文的文本是欧阳修和他的宋朝尚古学者同侪用以重构真实历史的原始史料，然而这些文本作为真实历史的原真材料，其权威性却是来源于铭文刻载在古代器物上这一事实。

正是铭文与它的古器载体之间的紧密关系，赋予了铭文文本在尚古学者们校正后世的史籍和注疏的努力中的崇高价值。换言之，铭文文本与古器的物理联结验证了文本真实的历史价值。制作拓片时需要将纸张直接贴在古物的镌刻表面，以提取器物上的文字内容。正因如此，拓本通过留在纸上的凹凸墨纹，证明了文本与古器的物理联结。以像欧阳修这样的宋朝尚古学者的历史观念来看，拓本是一种理想的媒介，因为其能代表铭文且能保存文本和刊载它的物质材料之间的联结。而且，拓本便携和易于复制的形式大大地促进了古铭文在尚古学者之间的流通，进而推动了关于古代的广泛研讨——这正是尚古运动迅速发展的一个重要特征。

宋朝士大夫们普遍相信古代是文化权威的一大源泉，这与11世纪下半叶知识界的氛围发生了一个根本的变化有关。11世纪中期，欧阳修倡导的古文运动（the revival of archaic writing）培育了一代新兴的士大夫，他们一方面尊崇古代为政治和道德理想的终极来源，另一方面不屈从于任何未经批判考证的权威。欧阳修的古文运动思想，继承了韩愈所倡导的通过恢复古代圣贤的原始教义回归"原道"（the original way）的主张。在欧阳修对待古物的做法中，我们的确看到了一种谨严的驱动力，孜孜以求地证明什么是本真本原的，而这正是构成古文运动核心价值的原则。因此可以理解，在这样的知识氛围下训练出来的第一代宋朝士大夫，也是致力于光大由欧阳修及其朋友圈开创的尚古运动传统的第一群人。古文运动在 11 世纪后半期取得全面成功，最终成为科举考试的既定规则，决定着有抱负的士人们的仕宦生涯。尚古传统也得到宋朝士大夫的热情拥抱，用以在精英文化习俗中展示他们的素养。

作为理想化社会的古代

当收集研究古铭文的兴趣在宋朝士大夫中蔓延时，对古器不同方面的兴趣也在宋朝宫廷中出现。吸引这一特殊兴趣的器物主要是青铜礼器，尤其是那些古代帝王祭祀天地时使用的，如钟和鼎。把古铭文当作真实历史来源的兴趣出自一种恢复和保存古物历史价值的强烈愿望，与之不同，对于古礼器的兴趣则产生于探索用来举办国家大典的适当器具。这一探索始于宋朝，是 11 世纪中期国家仪礼改制的一部分。宋仁宗在位时期，古仪礼编钟被用作标本以制造礼乐的适当乐器。尽管仁宗朝的仪礼改制最终是一场空，结局是礼乐仍为宋朝廷的一大难题，但仁宗的改制引发了对古乐器本身更广泛的探究。关注焦点从仪礼转向了礼器，1053 年举行的那场著名的皇家古青铜器展鉴大会就是例证。

在这次展鉴期间，陪同着皇帝的这群官员和宫廷学者就古礼器的形制和对装饰的解释以及铭文的意义进行了深入的讨论。对仪礼和仪礼用具兴趣大增的结果是，古青铜器以其在仪礼实践中的重要性而开始为尚古学者们所看重。人们感兴趣于古青铜器的形制及装饰所体现出的古礼象征意义，不再只关注铭文，尤其注意古青铜礼器的视觉特征。这种新发现的兴趣引发了对青铜器的研究，大量研究著述出版，它们主要采取图录的形式，为读者提供了一个了解古物视觉特征的门径。

刘敞、李公麟和其他宋朝尚古学者主张全面地收藏古物，而不仅仅是青铜器铭文拓片。受他们的影响，宋朝士大夫们在 11 世纪后 25 年聚集起了古青铜礼器的私人收藏。这一发展在很大程度上是由刘敞推动的，他以一本包含每件物品的文字描述和图像的图录发表了自己的古物收藏。脱离了其原始的仪礼语境，商周青铜礼器早在公元前 2 世纪就已经被当作祥瑞珍宝，但刘敞是第一个通过出版把他的收藏向大众公开的宋朝尚古学者。效法刘敞，李公麟扩展其古物收藏的种类，包括超出商周青铜礼器的种类广泛的古代手工艺品，特别是秦汉时期的日常用品。后者中的很多物品都不在宋朝廷的国家祭祀仪礼考虑的范畴内，却成为南宋时期满足大众消费需求的仿古器的借用标本。李公麟把他的艺术感悟力应用于所收藏器物的形制和装饰方面，确立了古物命名的先例，树立了图录流通的榜样。吕大临《考古录》所记录的收藏家和古器的多样性令人印象深刻，证明 11 世纪末宋朝上层精英中收藏古物之普遍，所下功夫之巨大。

关注古物的全部物质性，包括形制、装饰和功能，是强调古物仪礼意义的尚古运动潮流的一个关键特征。宋尚古学者们对古仪礼特别感兴趣，相信一件古礼器的意义不仅存在于铭文里，也蕴含在其形制特征和功能之中。古代礼经如《周官》提供了大量对仪礼器具的装饰纹样和使用功能的解释，经常被宋尚古学者们引用来证明他们的观点。事实上，以古礼器佐证经文中的有关段落，用来支持仪礼意义的解释，成为理解古代的惯常做法。李公麟是 11 世纪运用这套方法来解码古青铜器纹饰的第一人，他对饕餮纹的解释就被皇家收藏图录《宣和博古图》（成书于 12 世纪 20 年代）采用作为官方的解释。

人们对古物仪礼意义的兴趣发展，很大程度上要归功于宋朝廷，特别是宋徽宗的支持，正是他把皇家收藏扩大到之前无法想象的程度。与他的曾祖宋仁宗一样，徽宗对古青铜器的兴趣出于改革国家礼制的迫切需要。皇家图录所记徽宗收藏展现的古代观念，在很大程度上被打上了《周官》所体现的政治理想的烙印，这本经书提供了一个古代仪礼政治制度的理想化蓝图。① 在这种政治理想的影响下，古青铜器被赋予了政治象征意义，在重建以《周官》所设定的古礼为特征的古代理想世界中起着至关重要的作用。对徽宗而言，全面收藏古青铜器十分重要，因为理论上每一件古物都曾在这个理想社会发挥过作用。宋徽宗通过收集古青铜器把他想象的理想政治制度化为现实的愿望，也投射在他将幻想的人类栖居的完美世界变为现实的愿景之中，他为其御苑艮岳广罗奇珍异石、珍稀植物和异域禽兽。② 结合这位皇帝理想化建构的语境来观察宋朝的皇家古物收藏，无疑能够进一步理解宋朝社会最高层所秉持的古代观念。③

---

① 陈云倩，"Cataloguing Antiquity: A Comparative Study of the *Kaogu tu* and *Bogu tu*," *Reinventing the Past: Archaism and Antiquarianism in Chinese Art and Visual Culture*, Wu Hung ed.，pp. 200 – 228。

② Hargett（何瞻），"Huizong's Magic Marchmount: The Genyue Pleasure Park of Kaifeng," *Monumenta Serica*, Vol. 38, 1988 – 1989, pp. 1 – 48；Ebrey（伊沛霞），*Emperor Huizong*, pp. 273 – 283。

③ 宋徽宗渴望通过收藏人工制品诸如艺术品和古物来认识理想社会，对此，Ebrey（伊沛霞）有深入的讨论（*Accumulating Culture: The Art and Antiquities Collections of Emperor Huizong*）。

宋朝尚古运动的遗产

经过 11 世纪和 12 世纪初尚古学者的研究和实践的发展，先前深深植根于中国文化中的古代崇拜获得了理论、方法和物质的新基础。宋徽宗主导的大晟编钟铸造全面展现了这些新基础的确立。这套编钟仿造的是一组公元前 5 世纪以前的乐钟，这组古钟出土于宋徽宗发起国家礼制全面改革的最高潮时期。新编钟的铸造立刻被视为一个巨大的成功，表明经过对礼经《周官》的意识形态阐释，古礼器与宋朝国家礼制之间的理论联系已经成熟。这次借用古物形制的成功说明了这一时期的古青铜礼器知识之深入细致，这无疑是严谨的古物学术研究和宋朝廷可观收藏的一大成果。

12 至 13 世纪的宋朝尚古运动带来了符号的借用和审美化，古物的形式被采借，并基于当代的目的产生新的意义。虞公著为其妻所立墓碑和鲜于枢墓中发现的随葬品都反映出古代形象的借用与宋朝士大夫文化认同的建立有着密切联系。这一关联应结合宋朝社会结构变化的背景去理解。作为一个新兴的社会阶层，迅速享有了政治、文化和经济特权，士大夫们觉得有必要创造一套适应他们史无前例的社会地位、符合他们信仰的新儒学的仪礼和感觉的文化习俗。在司马光和朱熹等士大夫领袖人物的影响下，这种文化习俗被用来彰显士大夫们受尊敬的社会地位，也区别于与贵族精英特权相联系的传统礼俗。利用代表古代权威的古意象来为士大夫创造象征和标识，是崛起的社会精英阶级打造其文化身份的更大努力的一部分。

宋朝尚古运动对后世的影响是深远的，特别是在中国社会的知识和文化领域内。围绕着古物的收藏研究及相关活动，它构建了一个知识谱系，并一直延续至帝制时代的晚期。这一谱系由欧阳修《集古录》肇始于前，为赵明诚《金石录》继承于后。洪适的《隶释》（其序作于 1167 年）完整地展示了这一谱系源流。欧阳修和赵明诚著作中的一些段落和文字被附在了洪适一书的后面，使它成为最早的中国尚古学者著述的作品集。由一代代著名的尚古学者及其著作构成的谱系所代表的这种赓续不断的知识观，在之后几个世纪传承了下来。15 至 17 世纪的许多文人翘楚如文征明（1470—1559）、杨慎（1488—1559）、王世贞（1526—1590）和赵崡（活跃于 1573—1620）等，都表达过对他们的宋朝前辈的感恩。①

就后世的物质文化发展而言，一整套美学原则都是由宋朝尚古运动确立的。12 至 13 世纪，通过古物的商品化、借鉴和挪用古代形象形成的古物收藏研究资料的普及化，提升了雅致的品味。社会上对古物的渴求极大地促进了对这些器物审美的发展，它们变得不仅具有很高的价值，而且在本质和文化的原真上与特殊的荣耀关联密切。古代形象被用作文化身份的标识、时尚的标签和德行的象征，最终在后世形成了"雅品味"的概念。类似于 18 世纪英格兰上流社会的"有教养的品味"——亦源自古董的收藏与研究，雅的概念在中文语境中必须与俗的概念相对照来理解。

作为优雅品味象征的古物及其意向，只有在它与俗世品味做出明确的划分时才能流行起来。古物具有极高的市场价值，且其知识层次也是未受过古典教育的大众难以企及的，这构成了将中国士大夫精英与芸芸众生分隔开的一道安全屏障，因而形成了这一群体理想的文化象征，塑造了知识优势和雅品味的性格。然而，通过印刷出版和大规模的商品化生

---

① 陈云倩，"The Song-Ming Connection in the Ming Study of Ancient Inscriptions," *Journal of the Society for Ming Studies*，Vol. 71，September 2015，pp. 29 – 59。

产，将古代形象吸收同化为大众视觉文化的强大力量，迫使士大夫精英为了重建分隔高雅与低俗文化的屏障，不断寻找新的古意象源泉。后世古代意象的使用在雅和俗之间不断较量，使得"古"一直位居时尚的前沿。

参考文献

文献史籍（按著者姓氏字母顺序排列）

班固（32—92）：《汉书》，中华书局，1962。

北京图书馆（今国家图书馆）金石组：《北京图书馆藏中国历代石刻拓本汇编》，中州出版社，1989。

蔡绦（1123 前—1147 后）：《铁围山丛谈》，唐宋史料笔记丛刊，中华书局，1983。

蔡襄（1012—1067）：《蔡忠惠公文集》，逊敏斋本，1740。

曹载奎（1782—1852）：《怀米山房吉金图》，陈乃乾本，1922。

曹昭（14 世纪在世）：《格古要论》，夷门广牍本，1597。

晁公武（1105—1180）：《郡斋读书志》，孙猛校证《郡斋读书志校证》，上海古籍出版社，1990。

陈邦瞻（卒于 1623 年）：《宋史纪事本末》，中华书局，1977。

董逌（活跃于 12 世纪早期）：《广川书跋》，四库全书本，1777。

敦煌研究院主编《敦煌石窟全集》第 32 卷，香港：商务印书馆，1999—2001。

古方主编《中国出土玉器全集》，科学出版社，2005。

河北省文物研究所主编《历代铜镜纹饰》，河北美术出版社，1996。

洪适（1117—1184）：《隶释》《隶续》，晦木斋本，1871。

胡柯（活跃于 12 世纪晚期）:《庐陵欧阳文忠公年谱》，四部丛刊本，1932。

黄本骥（1781—1856）编《集古录目》，三长物斋本，1821。

黄庭坚（1045—1105）:《山谷题跋》，津逮秘书本，1630。

贾公彦（7 世纪早中期在世）:《仪礼注疏》，十三经注疏本，中华书局，1980。

——《周礼注疏》，十三经注疏本，中华书局，1980。

孔齐（1367 年在世）:《至正直记》，粤雅堂丛书本，1875。

孔颖达（574—648）:《礼记正义》，十三经注疏本，中华书局，1980。

——:《尚书正义》，十三经注疏本，中华书局，1980。

李觏（1009—1059）:《李觏集》，中华书局，2011。

李清照（1084—1155）:《金石录后序》，赵明诚《金石录》，雅雨堂本，1762。

李遇孙（1765—约 1839）:《金石学录》，国粹学报社本，1912。

刘敞（1019—1068）:《公是集》，四库全书本，1789。

刘宰（1215 年在世）:《京口耆旧传》，四库全书本，1784。

陆心源（1834—1894）:《金石学录补》，潜园总集本，1879。

吕大临（1040—1093）:《考古图》《考古图释文》，四库全书本，1784。

——:《考古图》，明初本，1368—1464。

——:《考古图》，亦政堂本，1752。

缪荃孙（1844—1919）:《云自在龛丛书》第 36 卷，1884。

欧阳发（1040—1089）:《先公事迹》，《欧阳修全集》第 6 册。

欧阳棐（1047—1113），缪荃孙辑《集古录目》，云自在龛本，1884。

欧阳修（1007—1072）:《欧阳文忠公集》，欧阳衡本，1819。

——李逸安点校《欧阳修全集》，中华书局，2001。

——徐无党注《新五代史》，中华书局，1974。

欧阳修、宋祁（998—1061）等：《新唐书》，中华书局，1975。

司马光（1019—1086）：《司马氏书仪》，四库全书本，1781。

宋徽宗（1082—1135）：《宣和重修博古图录》，四库全书
　　本，1781。

——：《宣和画谱》，四库全书本，1778。

苏轼（1037—1101）著，孔凡礼点校《苏轼文集》，中华书
　　局，1986。

苏辙（1039—1112）：《栾城集》，《苏辙集》，中华书局，1990。

孙诒让（1848—1908）：《宋政和礼器文字考》，《古籀拾
　　遗》，自刻本，1888。

台北"故宫博物院"编辑委员会主编《故宫书画图录》，台
　　北："故宫博物院"，1989—2013。

脱脱（1313—1355）等：《宋史》，中华书局，1985。

王厚之（12世纪中—13世纪初）：《钟鼎款识》，积古斋本，
　　1802年。

王明清（1127—1214后）：《挥麈录（前录、后录、三录、
　　余话）》，四部丛刊本，1932。

翁方纲（1733—1818）：《苏斋题跋》，西泠印社，1921。

邢昺（932—1010）：《尔雅注疏》，十三经注疏本，中华书
　　局，1980。

徐松（1781—1848）辑《宋会要辑稿》，1809。

薛尚功（1144年在世）：《历代钟鼎彝器款识法帖》，于省吾
　　本，1935；中华书局1986年再版。

——：《宋拓石本历代钟鼎彝器款识法帖残本》，台北："中
　　央研究院"历史语言研究所，1999。

杨仲良（12世纪晚期至13世纪早期）：《皇宋通鉴长编纪事
　　本末》，鞏经室外集本，1882。

曾宏父（卒于1248年）：《石刻铺叙》，知不足斋本，1813。

翟耆年（12世纪早期—12世纪晚期）：《籀史》，《丛书集成

初编》第 1513 册，商务印书馆，1935。

翟汝文（1076—1141）：《忠惠集》，四库全书本，1781。

张廷济（1768—1848）：《清仪阁题跋》，《石刻史料新编》第二辑，台北：新文丰出版公司，1979。

赵九成（12 世纪—13 世纪在世）：《续考古图》，四库全书本，1781。

赵明诚（1081—1129）：《金石录》，金文明校证《金石录校证》，上海书画出版社，1985。

赵希鹄（约 1170—1242 后）：《洞天清录》，四库全书本，1781。

中国社会科学院考古研究所编《殷周金文集成（修订增补本）》8 册，中华书局，2007。

周必大（1126—1204）：《文忠集》，四库全书本，1779。

朱存理（1444—1513）：《珊瑚木难》，适园丛书本，1913。

朱熹（1130—1200）：《家礼》，四库全书本，1781。

——：《绍熙州县释奠仪图》，四库全书本，1781。

Poggio Bracciolini（1380 – 1459）, Giovanni Oliva, Domenico Giorgi, *Historiae de varietate fortunae libri quatuor*, Lutetia Parisiorum：Constelier, 1723.

考古发掘报告（按标题字母顺序排列）

《北宋王拱辰墓及墓志》，《中原文物》1985 年第 4 期，第 15—23 页。

《成都市彭州宋代金银器窖藏》，《文物》2000 年第 8 期，第 4—20 页。

《大同金代阎德源墓发掘简报》，《文物》1978 年第 4 期，第 1—13 页。

《福州茶园山南宋许峻墓》，《文物》1995 年第 10 期，第21—33 页。

《高安清江发现两座宋墓》，《文物》1959 年第 10 期，第85—
　　86 页。

《广安县出土宋代窖藏》，《四川文物》1985 年第 1 期，第
　　67—70 页。

《杭州市发现元代鲜于枢墓》，《文物》1990 年第 9 期，第
　　22—25 页。

《河北宣化发现金代窖藏文物》，《考古》1987 年第 12 期，
　　第 1142—1143 页。

《湖南常德北宋张颙墓》，《考古》1981 年第 3 期，第 233—
　　238 页。

《江西铅山县莲花山宋墓》，《考古》1984 年第 11 期，第985—
　　989 页。

《江油发现精美宋代窖藏铜器》，《四川文物》2004 年第 4 期，
　　第8—9 页。

《江油县发现宋代窖藏》，《四川文物》1987 年第 2 期，第
　　63—66 页。

《金坛市茅麓镇石马坟北宋墓的发掘》，《东南文化》2006 年
　　第 6 期，第 34—41 页。

《南宋虞公著夫妇合葬墓》，《考古学报》1985 年第 3 期，第
　　383—402 页。

《四川大邑县安仁镇出土宋代窖藏》，《文物》1984 年第 7 期，
　　第 91—94 页。

《四川阆中县出土宋代窖藏》，《文物》1984 年第 7 期，第85—
　　90 页。

《四川遂宁金鱼村南宋窖藏》，《文物》1994 年第 4 期，第4—
　　28 页。

宿白：《白沙宋墓》，文物出版社，1957。

《天马曲村遗址北赵晋侯墓地第五次发掘》，《文物》1995 年
　　第 7 期，第 4—39 页。

《西安曲江池西村元墓清理简报》,《文物参考资料》1958 年第 6 期, 第 57—61 页。

《新中国陶瓷考古的主要收获》,《文物》1965 年第 9 期, 第 26—56 页。

《元赛因赤答忽墓的发掘》,《文物》1996 年第 2 期, 第 22—33 页。

《昭盟巴林左旗林东镇金墓》,《文物》1959 年第 7 期, 第63—64 页。

《浙江平阳县宋墓》,《考古》1983 年第 1 期, 第 80—81 页。

《浙江衢州市南宋墓出土器物》,《考古》1983 年第 11 期, 第 1004—1011、1018 页。

《浙江新昌南宋墓发掘简报》,《南方文物》1994 年第 4 期, 第 86—90 页。

《浙江诸暨南宋董康嗣夫妇墓》,《文物》1988 年第 11 期, 第 48—54 页。

《镇江市南郊北宋章岷墓》,《考古》1977 年第 3 期, 第 55—58 页。

Bureau of Cultural Properties, Ministry of Culture and Information（韩国文化与信息部文物局）, *Relics Salvaged from the Seabed off Sinan*, Seoul: Dong Hwa, 1985。

今人研究（按著者姓氏字母顺序排列）

Asim, Ina, "Aspects of the Perception of Zhou Ideals in the Song Dynasty (960 - 1279)," In *Die Gegenwart des Altertums: Formen und Funktionen des Altertumsbezugs in den Hochkulturen der Alten Welt*, edited by Dieter Kuhn and Helga Stahl, Heidelberg: Edition Forum, 2001, pp. 459 - 79.

Bagley, Robert W., *Shang Ritual Bronzes in the Arthur M.*

Sackler Collections, Washington, D. C. : Arthur M. Sackler Foundation, 1987.

Barnhart, Richard M. （班宗华）, "Li Kung-Lin and the Art of Painting," In *Li Kung-Lin's Classic of Filial Piety*, edited by Richard M. Barnhart, New York: Metropolitan Museum of Art, 1993, pp. 9 – 29。

Benjamin, Walter, *Illuminations*, edited by Hannah Arendt, New York: Shocken, 1968.

Birrell, Anne （白安妮）, *Chinese Mythology: An Introduction*, Baltimore, MD: Johns Hopkins University Press, 1999。

Bol, Peter （包弼德）, *"This Culture of Ours": Intellectual Transitions in T'ang and Sung China*, Cambridge, MA: Harvard University Press, 1992。汉译本：《斯文：唐宋思想的转型》, 刘宁译, 江苏人民出版社, 2017。

——, "Wang Anshi and the *Zhouli*," In *Statecraft and Classical Learning: The Rituals of Zhou in East Asian History*, edited by Benjamin A. Elman and Martin Kern, Boston: Brill, 2010, pp. 229 – 251。汉译本：《王安石与〈周礼〉》, 方笑一译,《历史文献研究》2014 年第 1 期, 第 65—78 页。

Boltz, William （鲍则岳）, "Chou li," In *Early Chinese Texts: A Bibliographical Guide*, edited by Michael Loewe （鲁惟一）, Berkeley, CA: Society for the Study of Early China, 1993, pp. 24 – 32。

Bounia, Alexandra, *The Nature of Classical Collecting: Collectors and Collections 100 BCE – 100 CE*, Aldershot, Hampshire: Ashgate, 2004.

Brashier, K. E. , "Text and Ritual in Early Chinese Stelae," In *Text and Ritual in Early China*, edited by Martin Kern （柯马丁）, Seattle: University of Washington Press, 2005, pp. 249 – 283.

Brotherton, Elizabeth, "Beyond the Written Word: Li Gonglin's Illustrations to Tao Yuanming's *Returning Home*," *Artibus Asiae*, VOL. 59, No. 3/4（2000）: 225 – 263.

岑蕊：《摩羯纹考略》，《文物》1983 年第 10 期，第 78—80、85 页。

昌彼得等编《宋人传记资料索引》（全 6 册），台北：鼎文书局，1991。

陈德富：《遂宁金鱼村窖藏宋瓷三议》，《四川文物》1997 年第 5 期，第 44—51 页。

陈定荣：《影青瓷说》，紫禁城出版社，1991。

陈芳妹：《金学、石刻与法帖传统的交会——〈历代钟鼎彝器款识法帖〉宋拓石本残叶的文化史意义》，《美术史研究集刊》第 24 期，2008 年，第 67—146、324 页。

——：《青铜器与宋代文化史》，台北：台湾大学，2016。

——：《宋古器物学的兴起与宋仿古铜器》，《美术史研究集刊》第 10 期，2001 年，第 37—160 页。

——：《与三代同风：朱熹对东亚文化意象的形塑初探》，《美术史研究集刊》第 31 期，2011 年，第 61—150 页。

——：《追三代于鼎彝之间——宋代从"考古"到"玩古"的转变》，《故宫学术季刊》第 23 卷第 1 期，2005 年，第 267—332 页。

陈慧玲：《论宋代金石学之发达及其价值》，《"国立"翻译馆馆刊》第 17 卷第 2 期，1988 年，第 245—258 页。

陈俊成：《宋代金石学著述考》，硕士学位论文，台湾政治大学，1976。

陈梦家：《宋大晟编钟考述》，《文物》1964 年第 2 期，第 51—53 页。

陈明达：《汉代的石阙》，《文物》1961 年第 12 期，第 9—

23 页。

陈星灿:《中国史前考古学史研究（1895—1949)》，三联书店，1997。

陈云倩:《南宋墓葬与窖藏中的仿古器》，《美术史研究集刊》第 38 期，2015 年，第 51—118 页。

——, "Cataloguing Antiquity: A Comparative Study of the *Kaogu tu* and *Bogu tu*," In *Reinventing the Past: Archaism and Antiquarianism in Chinese Art and Visual Culture*, edied by Wu Hung, Chicago: University of Chicago Press, 2010, pp. 200 – 228.

——, "The Song-Ming Connection in the Ming Study of Ancient Inscriptions," *Journal of the Society for Ming Studies*, Vol. 71 (September 2015): 29 – 59.

Chia, Lucille（贾晋珠）, and Hilde de Weerdt（魏希德）, eds., *Knowledge and Text Production in an Age of Print: China*, Boston: Brill, 2011, pp. 900 – 1400。

Chong, Yang-mo, "Ceramic Wares Recovered off the Coast of Korea," *Arts of Asia*, Vol. 11, No. 4 (1981): 104 – 12.

Clunas, Craig（柯律格）, *Superfluous Things: Material Culture and Social Status in Early Modern China*, Cambridge, UK: Polity, 1991。汉译本:《长物：早期现代中国的物质文化与社会状况》，高昕丹、陈恒译，三联书店，2015。

Coblin, South W.（柯蔚南）, "Erh ya," In *Early Chinese Text: A Bibliographical Guide*, edited by Michael Loewe（鲁惟一）, Berkeley, CA: Society for the Study of Early China, 1993, pp. 94 – 99。

Connery, Christopher L., *The Empire of the Text: Writing and Authority in Early Imperial China*, Lanham, MD: Rowman and Littlefield Publishers, 1998.

Davis, Richard L. （戴仁柱）, Introduction to *Historical Records of the Five Dynasties*, translated by Richard Davis, New York：Columbia University Press, 2008, pp. xlviii-xlix。

Delacour, Catherine（德凯琳）, *De bronze, d'or et d'argent：Art somptuaires de la Chine*, Paris：Réunion des musées nationaux, 2001。

邓小军：《元结撰、颜真卿书〈大唐中兴颂〉考释》,《晋阳学刊》2012 年第 2 期, 第 125—130 页。

杜秉庄、杜子熊编著《书画装裱技艺辑释》, 上海书画出版社, 1993。

Ebrey, Patricia B.（伊沛霞）, *Accumulating Culture：The Art and Antiquities Collections of Emperor Huizong.* Seattle：University of Washington, 2008。

——trans. , *Chu His's Family Rituals：A Twelfth-Century Chinese Manual for the Performance of Cappings, Weddings, Funerals, and Ancestral Rites.* , Princeton, NJ：Princeton University Press, 1991.

——, *Confucianism and Family Rituals in Imperial China：A Social History of Writing about Rites*, Princeton, NJ：Princeton University Press, 1991.

——, *Emperor Huizong*, Cambridge, MA：Harvard University Press, 2014. 汉译本：《宋徽宗》, 韩华译, 广西师范大学出版社, 2018。

——, "Replicating Zhou Bells at the Northern Song Court," In *Reinventing the Past：Archaism and Antiquarianism in Chinese Art and Visual Culture*, edited by Wu Hung, Chicago：University of Chicago Press, 2010, pp. 179 – 199.

Egan, Ronald C.（艾朗诺）, "Ou-yang Hsiu and Su Shih on Calligraphy," *Harvard Journal of Asiatic Studies*, Vol. 49,

No. 2 （December 1989）：365 –419。

——, *The Problem of Beauty*：*Aesthetic Thought and Pursuits in Northern Song Dynasty China*, Cambridge, MA：Harvard University Press, 2006. 汉译本：《美的焦虑——北宋士大夫的审美思想与追求》，上海古籍出版社，2013。

Eisenberg, Andrew, *Kingship in Early Medieval China*, Leiden：Brill, 2008.

Elman, Benjamin A. （艾尔曼）, *From Philosophy to Philology*：*Intellectual and Social Aspects of Change in Late Imperial China*, Cambridge, MA：Harvard University Press, 1984。

Elman, Benjamin A. （艾尔曼）, and Martin Kern （柯马丁）, eds. , *Statecraft and Classical Learning*：*The Rituals of Zhou in East Asian History*, Boston：Brill, 2010。

Elsner, John, and R. Cardinal, eds. , *The Cultures of Collecting*, Cambridge, MA：Harvard University Press, 1994.

方晓阳、吴丹彤：《促进宋代印刷技术进步的主要因素》，《北京印刷学院学报》2011 年第 6 期，第 1—7 页。

冯先铭：《新中国陶瓷考古的主要收获》，《文物》1965 年第 9 期，第 26—56 页。

——：《中国陶瓷（修订本）》，上海古籍出版社，2006。

方闻（Fong, Wen）, et al. , *The Great Bronze Age of China*：*An Exhibition from the People's Republic of China*, New York：Metropolitan Museum of Art, 1980。

龚延明：《宋代崇文院双重职能探析——以三馆秘阁官实职、贴职为中心》，《北京大学学报》（哲学社会科学版）2016 年第 4 期，第 133—144 页。

谷莉：《宋辽夏金时期摩羯纹装饰与造型考》，《文艺研究》2013 年第 12 期，第 170—171 页。

顾永新：《欧阳修学术研究》，人民文学出版社，2003。

管维良:《中国铜镜史》,群言出版社,2013。

郭沫若:《两周金文辞大系考释》,东京:文求堂,1935。

郭正忠:《三至十四世纪中国的权衡度量》,中国社会科学出版社,1993、2008。

台北"故宫博物院":《千禧年宋代文物大展》,台北"故宫博物院",2000。

韩巍:《宋代仿古制作的样本问题》,中国国家博物馆编等《宋韵——四川窖藏文物辑粹》,中国社会科学出版社,2006,第288—295页。

Hanson, Craig, *The English Virtuoso*: *Art*, *Medicine*, *and Antiquarianism in the Age of Empiricism*, Chicago: University of Chicago Press, 2009.

Hargett, James M., "Huizong's Magic Marchmount: The Genyue Pleasure Park of Kaifeng," *Monumenta Serica*, Vol. 38 (1988 – 1989): 1 – 48.

Harrist, Robert E., Jr. (韩文彬), "The Artist as Antiquarian: Li Gonglin and His Study of Early Chinese Art," *Artibus Asiae*, Vol. 55, No. 3 – 4 (1995): 237 – 280。

——, *Painting and Private Life in Eleventh-Century China*: Mountain Villa *by Li Gonglin*, Princeton, NJ: Princeton University Press, 1998.

——, "A Scholar's Landscape: *Shan-chuang t'u* by Li Kunglin," PhD dissertation, Princeton University, 1989.

Haskell, Francis, *History and Its Images*: *Art and the Interpretation of the Past*, New Haven, CT: Yale University Press, 1993.

Haskell, Francis, and Nicholas Penny, *Taste and the Antique*: *The Lure of Classical Sculpture*, *1500 – 1900*, New Haven, CT: Yale University Press, 1981.

Hausmann, Ulrich, "*Later Chinese Bronzes*," In *In Scholars'*

Taste：*Documentary Chinese Works of Art*，edited by Paul Moss，London：Sydney L. Moss，1983，pp. 230 – 238.

Hepple，Leslie W.，"William Camden and Early Collections of Roman Antiquities in Britain," *Journal of the History of Collections*，Vol. 15，No. 2（2003）：159 – 174.

洪本健：《欧阳修资料汇编》，中华书局，1995。

胡劲茵：《北宋徽宗朝大晟乐制作与颁行考议》，《中山大学学报》（社会科学版）2010 年第 2 期，第 100—112 页。

——：《从大安到大晟——北宋乐制改革考论》，博士学位论文，中山大学，2010。

华孳享：《增订欧阳文忠公年谱》，1834，见《昭代丛书丙集》重印本，北京图书馆（今中国国家图书馆）出版社，2006。

黄俊杰、古伟瀛：《中国传统史学与后现代主义的挑战》，《传统中华文化与现代价值的激荡与调融（二）》，台北：喜马拉雅基金会，2002，第 81—116 页。

贾兰坡、黄慰文：《周口店发掘记》。英译本：*The Story of Peking Man*：*From Archaeology to Mystery*，Translated by Yin Zhiqi，Beijing：Foreign Languages Press，1990.

金文明校证《金石录校证》，上海美术出版社，1985。

Kern，Martin（柯马丁），"Introduction：The Ritual Texture of Early China," In *Text and Ritual in Early China*，edited by Martin Kern，Seattle：University of Washington Press，2005，pp. vii-xxvii。

Kerr，Rose（柯玫瑰），"The Evolution of Bronze Style in the Jin，Yuan and Early Ming Dynasties," *Oriental Art*，Vol. 28，No. 2（1982）：146 – 158.

——，"Metalwork and Song Design：A Bronze Vase Inscribed in 1173," *Oriental Art*，Vol. 32，No. 2（Summer 1986）：

161 – 176.

Kesner, Ladislav, "*The Taotie* Reconsidered: Meanings and Functions of the Shang Theriomorphic Imagery," *Artibus Asiae*, Vol. 15, No. 1/2 (1991): 29 – 53.

孔凡礼:《苏辙年谱》, 学苑出版社, 2001。

——:《苏轼年谱》, 中华书局, 1998。

——:《苏轼文集》, 中华书局, 2004。

Knoblock, John, and Jeffrey Riegel, *The Annals of Lü Buwei: A Complete Translation and Study*, Stanford: CA: Stanford University Press, 2000.

Kuhn, Dieter, "Decoding Tombs of the Song Elite," In *Burial in Song China*, edited by Dieter Kuhn, Heidelberg: Edition Forum, 1994, pp. 11 – 160.

"Family Rituals," *Monumenta Serica*, Vol. 40 (1992): 369 – 385.

——, *A Place for the Dead: An Archaeological Documentary on Graves and Tombs of the Song Dynasty* (*960 – 1279*), Heidelberg: Edition Forum, 1996.

Kuhn, Dieter, and Helga, Stahl, eds., *Die Gegenwart des Altertums, Formen und Funktionen des Altertumsbezugs in den Hochkulturen der Alten Welt*, Heidelberg: Edition Forum, 2001.

Kurz, Johannes L., "The Politics of Collecting Knowledge: Song Taizong's Compilations Project," *T'oung Pao*, Vol. 87, No. 4 – 5 (2001): 289 – 316.

Kwok Wing Hay Alexander (郭永禧):《吕大临 (1046—1092) 考古图研究》, 硕士学位论文, 香港大学, 1994。

Lee, Yi-ya (李宜涯), "Ou-yang Hsiu's Application of the *Ch'un-Ch'iu* to His Histories," *Chinese Culture*, Vol. 38, No. 2 (June 1997): 107 – 125。

Levine, Ari Daniel (李瑞), "The Reigns of Hui-tsung (1100 –

1126）and Ch'in-tsung（1126－1127）and the Fall of Northern Sung," In *The Cambridge History of China*, Vol. 5, Part I, *The Sung Dynasty and Its Precursors*, *907－1279*, edited by Denis C. Twitchett（崔瑞德）and Paul J. Smith（史乐民）, Cambridge：Cambridge University Press, 2009, pp. 639—643。

Levine, Joseph, "The Antiquarian Enterprise," In *Humanism and History*：*Origins of Modern English Historiography*, Ithaca, NY：Cornell University Press, 1987.

——, *Between the Ancients and the Moderns*：*Baroque Culture in Restoration England*, New Haven, CT：Yale University Press, 1999.

Lewis, Mark E. , *Writing and Authority in Early China*, Albany：State University of New York Press, 1999.

李慧斌：《宋仁宗时期国子监书学杨南仲考述》，《青岛农业大学学报》（社会科学版）2012 年第 4 期，第 69—73 页。

李辉炳：《两宋瓷器》（全 2 册），上海科学技术出版社，2002。

李济：《中国古器物学的新基础》，《台湾大学文史哲学报》（台北）第 1 期，1950 年，第 63—79 页。

李菁：《宋代金石学的缘起与演进》，《中国典籍与文化》1998 年第 3 期，第 63—68 页。

李民举：《宋官窑论稿》，《文物》1994 年第 8 期，第 47—54 页。

李如冰：《吕大临生卒年及有关问题考辨》，《宝鸡文理学院学报》（社会科学版）2009 年第 6 期，第 28—30、36 页。

李绍连：《宋苏适墓志及其他》，《文物》1973 年第 7 期，第 63—69 页。

李新伟：《洪适和他的〈隶释〉》，《河南图书馆学刊》2007 年第 5 期，第 129—131 页。

李学勤：《东周与秦代文明》（第二版），文物出版社，1991。

——《赵文化的兴起及其历史意义》，《邯郸学院学报》2005
年第 4 期，第 15—18 页。

李幼平：《大晟钟与宋代标准音高研究》，上海音乐学院出版
社，2004。

梁启超：《中国考古之过去及将来》，《饮冰室文集·专集》，
中华书局，1936。

刘子健（Liu，James T. C.），*Ou-yang Hsiu：An Eleventh-Cen-
tury Neo-Confucianist*，Stanford，CA：Stanford University
Press，1967。

Loewe，Michael（鲁惟一），ed.，*Early Chinese Text：A Bibli-
ographical Guide*，Berkeley，CA：Society for the Study of
Early China，1993。

Loewe，Michael（鲁惟一），and Edward L. Shaunghnessy（夏
含夷），eds.，*The Cambridge History of Ancient China：
From the Origins of Civilization to 221 B. C.*，Cambridge，
UK：Cambridge University Press，1999。

路远：《西安碑林史》，西安出版社，1998。

吕章申主编《江汉汤汤：湖北出土商周文物》，北京：时代
华文书局，2015 年。

马衡：《中国金石学概要》，中华书局，1931。

马子云：《金石传拓技法》，人民美术出版社，1988。

Mazzocco，Angelo，"The Antiquarianism of Francesco Petrarca,"
Journal of Medieval and Renaissance Studies 7，Vol.（1977）：
203 - 224.

——，"Petrarca，Poggio，and Biondo：Humanism's Foremost
Interpreters of Roman Ruins," In *Francis Petrarch*，*Six
Centuries Later：A Symposium*，edited by Aldo D. Scaglione，
Chapel Hill：Department of Romance Languages，Universi-

ty of North Carolina, 1975, pp. 353 – 363.

McCahill, Elizabeth, *Reviving the Eternal City Rome and the Papal Court, 1420 – 1447*, Cambridge, MA: Harvard University Press, 2013.

McNair, Amy（倪雅梅）, *The Upright Brush: Yan Zhenqing's Calligraphy and Song Literati Politics*, Honolulu: University of Hawai'i Press, 1998。汉译本：《中正之笔：颜真卿书法与宋代文人政治》，杨简茹译，祝帅校译，江苏人民出版社，2018。

Miller, Peter N. , *Peiresc's Europe: Learning and Virtue in the Seventeenth Century*, New Haven, CT: Yale University Press, 2000.

——, "Major Trends in European Antiquarianism, Petrarch to Peiresc," In *The Oxford History of Historical Writing*, edited by José Rabasa, Masayuki Sato, Edoardo Tortarolo, and Daniel Woolf, Vol. 3, Oxford: Oxford University Press, 2012, pp. 244 – 260.

——, ed. , *Momigliano and Antiquarianism: Foundations of the Modern Cultural Sciences*, Toronto: University of Toronto Press, 2007.

Miller, Peter N. , and François, Louis, ed. , *Antiquarianism and Intellectual Life in Europe and China, 1500 – 1800*, Ann Arbor: University of Michigan Press, 2012.

Mitsui Bunko（三井文库）ed. , 『聴氷閣旧蔵碑拓名帖撰—新町三井家—』, Tokyo: Mitsui Bunko, 2005。

Momigliano, Arnaldo, "Ancient History and the Antiquarian," *Journal of the Warburg and Courtauld Institutes*, Vol. 13（1950）: 285 – 315.

——, "Gibbon's Contribution to Historical Method," *Historia*,

Vol. 2 (1954): 450 – 463.

Moser, Jeffrey, "The Ethics of Immutable Things: Interpreting Lü Dalin's Illustrated Investigations of Antiquity," *Harvard Journal of Asiatic Studies*, Vol. 72, No. 2 (2012): 259 – 293.

——, "Why Cauldrons Come First: Taxonomic Transparency in the Earliest Chinese Antiquarian Catalogs," *Journal of Art Historiography*, Vol. 11 (December 2014): 1 – 23.

Moss, Paul, *The Second Bronze Age: Later Chinese Metalwork*, London: Sydney L. Moss, 1991.

Nagata Hidemasa (永田英正) 编《汉代石刻集成》, 东京: 同朋舍, 1994。

Owen, Stephen (宇文所安), "The Snares of Memory," *Remembrances: The Experience of the Past in Classical Chinese Literature*, Cambridge, MA: Harvard University Press, 1986, pp. 80 – 98。

Paludan, Ann, *The Chinese Spirit Road: The Classical Tradition of Stone Tomb Statuary*, New Haven, CT: Yale University Press, 1991.

Parker, John Henry, *The Archaeology of Rome: The Via Sacra: Excavations in Rome, from 1438 to 1882*, Oxford: Oxford University Press, 1883.

裴普贤:《欧阳修诗本义研究》, 台北: 东大图书公司, 1981。

Phillips, Mark Salber, "Reconsiderations on History and Antiquarianism: Arnaldo Momigliano and the Historiography of 18th-Century Britain," *Journal of the History of Ideas*, Vol. 57 (1996): 297 – 316.

Pierson, Stacey (毕宗陶), ed., *Qingbai Ware: Chinese Porcelain of the Song and Yuan Dynasties*, London: Percival David Foundation of Chinese Art, 2002。

Pomian, Krzysztof, *Collectors and Curiosities*: *Paris and Venice*, *1500 – 1800*, Translated by Elizabeth Wiles-Portier, Cambridge, UK: Polity Press, 1990.

Powers, Martin J. （包华石）, "Imitation and Reference in China's Pictorial Tradition," In *Reinventing the Past*: *Archaism and Antiquarianism in Chinese Art and Visual Culture*, edited by Wu Hung, Chicago: Art Media Resources, 2010, pp. 103 – 126。

Pulleyblank, Edwin （蒲立本）, "The An Lu-shan Rebellion and the Origins of Chronic Militarism in Late T'ang China," In *Essays on T'ang Society*: *The Interplay of Social*, *Political and Economic Forces*, edited by John Curtis Perry and Bardwell L. Smith, Leiden: Brill, 1976, pp. 32 – 66。

齐东方：《唐代金银器研究》，中国社会科学出版社，1999。

Rawson, Jessica （罗森）, "The Many Meanings of the Past in China," In *Die Gegenwartdas Altertumns*, *Formen und Funktionen des Altertumsbezugs in den Hochkulturen der Alten Welt*, edited Dieter Kuhn and Helga Stahl, Heidelberg: Edition Forum, 2001, pp. 397 – 421。汉译本：《过去在中国的多种含义》，收入罗森《中国古代的艺术与文化》，北京大学出版社，2002，第 419—447 页。

——, "Novelties in Antiquarian Revivals: The Case of the Chinese Bronzes,"《故宫学术季刊》第 22 卷第 1 期，2004 年，第 1—24 页。

Richardson, Carol M. , *Reclaiming Rome*: *Cardinals in the Fifteenth Century.* , Leiden: Brill, 2009.

Richardson, Roger C. , "William Camden and the Re-Discovery of England," *Transactions of the Leicestershire Archaeological and Historical Society*, Vol. 78 （2004）: 18 – 23.

容庚:《商周彝器通考》,哈佛燕京学社,1941。

——:《宋代吉金书籍述评》(1963 年),《颂斋述林》,香港:翰墨轩出版有限公司,1994,第 1—43 页。

——:《宋代吉金书籍述评》(1933 年),《庆祝蔡元培先生六十五岁论文集》下册,中央研究院历史语言研究所,第 663—665 页。

容媛:《金石书录目》,商务印书馆,1935。

Rudolph, Richard C. , "Preliminary Notes on Sung Archaeology," *Journal of Asian Studies*, Vol. 22 (1963): 169 – 177.

Schnapp, Alain, *The Discovery of the Past*, Translated by Ian Kinnes and Gillian Varndell, New York: Harry N. Abrams, 1997.

Schottenhammer, Angela(萧婷), "The Characteristics of Song Time Epitaphs," In *Burial in Song China*, edited by Dieter Kuhn, Heidelberg: Edition Forum, 1994, pp. 253 – 306。

陕西省考古研究所:《宋代耀州窑址》,文物出版社,1998。

申献友:《谈定窑红瓷》,《文物春秋》2000 年第 4 期,第 63—70 页。

史卉:《简析中国古代的皇位嫡长子继承制》,《聊城大学学报》(社会科学版)2007 年第 2 期,第 158—160 页。

Shim, Jae-hoon, "The Early Development of the State of Jin: From Its Enfeoffment to the Hegemony of Wen Gong(r. 636 – 628 BC)," PhD. dissertation, University of Chicago, 1998.

Shirakawa Shizuka(白川静):《金文通释》,神户:白鹤美术馆,1962—1984。

Sivin, Nathan, "Shen Kua: A Preliminary Assessment of His Scientific Thought and Achievements," *Sung Studies Newsletter*, No. 13(1977): 31 – 56.

宋柏年:《欧阳修研究》,巴蜀书社,1994。

Stahl, Helga, "Su Shi's Orthodox Burials: Interconnected Double Chamber Tombs in Sichuan," In *Burial in Song China*, edited by Dieter Kuhn, Heidelberg: Edition Forum, 1994, pp. 161 – 214.

Stenhouse, William, "Visitors, Display, and Reception in the Antiquity Collections of Late-Renaissance Rome," *Renaissance Quarterly*, Vol. 58, No. 2 (Summer 2005): 397 – 434.

——, "Panvinio and *Descriptio*: Renditions of History and Antiquity in the Late Renaissance," *Papers of the British School at Rome*, Vol. 80 (2012): 233 – 256.

Sturman, Peter C. （石慢）, "Cranes above Kaifeng: The Auspicious Image at the Court of Huizong," *Ars Orientalis*, Vol. 20 (1990): 33 – 68。

——, "Mi Youren and the Inherited Literati Tradition: Dimensions of Ink-Play," PhD. dissertation, Yale University, 1989.

宿白：《北宋汴梁雕版印刷考略》，《唐宋时期的雕版印刷》，文物出版社，1999。

孙庆伟：《晋侯墓地 M63 墓主再探》，《中原文物》2006 年第 3 期，第 60—67 页。

陶晋生：《宋辽关系史研究》，台北：联经事业出版公司，1983。

Twitchett, Denis C. （崔瑞德）, and John, K. Fairbank （费正清）, *The Cambridge History of China*, Vol. 3, Part 1, Sui and T'ang China *589 – 906*, Cambridge: Cambridge University Press, 1978。汉译本：《剑桥中国隋唐史589—906 年》，中国社会科学院历史研究所西方汉学研究课题组译，中国社会科学出版社，1990。

Twitchett, Denis C. （崔瑞德）, and Paul, Jakov Smith （史乐民）, eds., *The Cambridge History of China*, Vol. 5, Part I, *The Sung Dynasty and Its Precursors*, *907 – 1279*, Cambridge：Cambridge University Press，2009。

Van Gulik，Robert H. （高罗佩），*Chinese Pictorial Art as Viewed by the Connoisseur*，Rome：Istituto italiano per il Medio ed Estremo Oriente，1958。

Van Zoeren，Steven J.，*Poetry and Personality：Reading，Exegesis，and Hermeneutics in Traditional China*，Stanford，CA：Stanford University Press，1991.

Von Falkenhausen，Lothar（罗泰），"Antiquarianism in East Asia：A Preliminary Overview," In *World Antiquarianism：Comparative Perspectives*，edited by Alain Schnapp et al.，Los Angeles：Getty Research Institute，2013，35 – 66。

——，*Suspended Music：Chime Bells in the Culture of Bronze Age China*，Berkeley：University of California Press，1993.

万绍毛：《刘敞在金石学上的贡献及影响》，《文物季刊》1995 年第 2 期，第 73—77 页。

王锷：《宋聂崇义〈新定三礼图〉的价值和整理——兼评丁鼎先生整理的〈新定三礼图〉》，《孔子研究》2008 年第 2 期，第 76—87 页。

王国维：《宋代之金石学》，《国学论丛》第 1 卷第 3 号，1927 年①，第 45—49 页。

王建荣、杨正宏：《古韵茶香：镇江博物馆馆藏历代茶具精品展》，浙江摄影出版社，2012。

王美华：《庙学体制的构建推行与唐宋地方的释奠礼仪》，《社会科学》2014 年第 4 期，第 155—164 页。

Wang Tao（汪涛），"A Textual Investigation of the *Taotie*," In *The Problem of Meaning in Early Chinese Ritual Bronzes*，edited Roderick Whitfield，London：University of London，

① 应为 1928 年。——译者注

1993，pp. 102 – 118。

Watson，William，"On Some Categories of Archaism in Chinese Bronze,"*Ars Orientalis*，Vol. 9（1973）：1 – 13.

Webb，Timothy，*English Romantic Hellenism*，*1700 – 1824*，Manchester：Manchester University Press，1982.

卫聚贤：《中国考古学史》，商务印书馆，1937。

Whitfield，Roderick，and Anne，Farrer，*Caves of the Thousand Buddhas：Chinese Art from the Silk Road*，London：British Museum Press，1990.

Wong，Dorothy（王静芬），*Chinese Steles：Pre-Buddhist and Buddhist Use of a Symbolic Form*，Honolulu：University of Hawai'i Press，2004。

Woolf，Daniel，"The Dawn of the Artifact：The Antiquarian Impulse in England，1500 – 1730,"*Studies in Medievalism*，Vol. 4（1992）：5 – 35.

巫鸿，*Double Screen：Medium and Representation in Chinese Painting*，Chicago：University of Chicago Press，1996。汉译本：《重屏：中国绘画中的媒介和再现》，文丹译，上海人民出版社，2009。

——，*Monumentality in Early Chinese Art and Architecture*，Stanford，CA：Stanford University Press，1995. 汉译本：《中国古代艺术与建筑中的"纪念碑性"》，李清泉、郑岩等译，上海人民出版社，2009。

——，"On Rubbings：Their Materiality and Historicity," In *Writing and Materiality in China：Essays in Honor of Patrick Hanan*，edited by Judith T. Zeitlin and Lydia H. Liu，Cambridge，MA：Harvard University Asia Center for Harvard-Yenching Institute，2003，pp. 29 – 72.

——，*The Wu Liang Shrine：The Ideology of Early Chinese Picto-

rial Art, Stanford, CA: Stanford University Press, 1989. 汉译本:《武梁祠——中国古代画像艺术的思想性》, 岑河、柳扬译, 三联书店, 2006。

夏超雄:《宋代金石学的主要贡献及其兴起的原因》,《北京大学学报》(哲学社会科学版) 1982 年第 1 期, 第 66—76 页。

夏鼐:《从宣化辽墓的星图论二十八宿和黄道十二宫》,《考古学报》1976 年第 2 期, 第 15—56 页。

谢明良:《琮瓶的变迁》,《故宫学术季刊》第 23 卷第 1 期, 2005 年, 第 429—466 页。

——:《探索四川宋元器物窖藏》,《区域与网络: 近千年来中国美术史研究国际学术研讨会论文集》, 台北: 台湾大学, 2001, 第 141—169 页。

徐中舒:《宋拓石本历代钟鼎彝器款识法帖残本跋》,《国立中央研究院历史语言研究所集刊》第 2 本第 2 分, 1930 年, 第 161—170 页。

——:《宋拓石本历代钟鼎彝器款识法帖残本再跋》,《国立中央研究院历史语言研究所集刊》第 2 本第 4 分, 1932 年, 第 468—472 页。

许雅惠, "Antiquarians and Politics: Antiquarian Culture of the Northern Song, 960 - 1127," In *World Antiquarianism: Comparative Perspectives*, edited by Alain Schnapp et al., Los Angeles: Getty Research Institute, 2014, pp. 230 - 248。汉译本:《"聚前代之收藏, 备兴朝之法器"——北宋士大夫的收藏与宫廷政治》, "北宋政治史研究的新视野"国际学术研讨会, 北京大学中古史研究中心, 2013 年 9 月。

——:《南宋金石收藏与中兴情结》,《美术史研究集刊》第 31 期, 2011 年, 第 1—60 页。

——：《宣和博古图的间接流传——以元代赛因赤答忽墓出土的陶器与绍熙州县释奠仪图为例》，《美术史研究集刊》第 14 期，2003 年，第 1—26 页。

严杰：《欧阳修年谱》，南京出版社，1993。

杨殿珣、容庚：《宋代金石佚书目》，《考古学社社刊》第 4 期，1936 年，第 204—228 页。

杨恒平：《北宋二体石经考述》，《中国典籍与文化》2008 年第 1 期，第 30—34 页。

杨仁恺：《辽宁省博物馆藏宝录》，香港：香港三联书店，1994。

姚瀛艇：《宋儒关于〈周礼〉的争议》，《史学月刊》1982 年第 3 期，第 12—18 页。

——：《宋代文化史》，河南大学出版社，1992。

叶国良：《博古图修撰始末及其相关问题》，《幼狮学志》第 18 卷第 1 期，1984 年，第 130—142 页。

——：《宋代金石学研究》，台北：台湾书房出版有限公司，2011。

张典友：《北宋杨南仲考略》，《中国书法》2012 年第 10 期，第 184—185 页。

张光直，"Archaeology and Chinese Historiography," *World Archaeology*, Vol. 13, No. 2 (1968): 156 – 169。汉译本：《考古学与中国历史学》，《考古与文物》1995 年第 3 期，第 1—10 页。

张临生，"The Wen-wang *Fang-ting* and Chung-chü-fu *Kuei*: A Study of Archaistic Bronzes in the National Palace Museum," *The National Palace Museum Bulletin*, Vol. 34, No. 5 (1999): 1 – 20;, Vol. 34, No. 6 (2000): 21 – 36。

——：《李公麟与古器物学的发轫》，《千禧年宋代文物大展》，台北："故宫博物院"，2000，第 19—46 页。

张尚英：《刘敞年谱》，吴洪泽、尹波主编《宋人年谱丛刊》第 4 册，四川大学出版社，2002。

张彦生：《善本碑帖录》，中华书局，1984。

赵超，"Stone Inscriptions of the Wei-Jin Nanbeichao Period," Translated by Victor Xiong, *Early Medieval China*, Vol. 1 (1994)：84 – 96。

——：《中国古代石刻概论》，文物出版社，1997。

赵海明：《碑帖鉴藏》，天津古籍出版社，2010。

赵强：《宋代文宣王庙考》，《文博》2015 年第 4 期，第 60—67 页。

郑嘉励：《从黄石墓铜器看南宋州县儒学铜礼器》，《浙江省文物考古研究所学刊》第 9 辑，科学出版社，2009，第 350—359 页。

仲威：《碑帖鉴定概论》，上海古籍出版社，2014。

中国国家博物馆等编《宋韵——四川窖藏文物辑粹》，中国社会科学出版社，2006。

中国社会科学院考古研究所编《殷周金文集成释文》，香港：香港中文大学出版社，2001。

——：《殷周金文集成修订增补本》，中华书局，2007。

周铮：《宣和山尊考》，《文物》1983 年第 11 期，第 74—75、67 页。

朱建新（剑心）：《金石学》，商务印书馆，1930。

中华虞氏网：《彭山宋中奉大夫虞公著夫妇墓志》，中华虞氏网，http://zhyusw. lingw. net/article – 6106740 – 1. html. 2014 年 4 月 17 日。

译后记

宋朝是一个文质彬彬的朝代。从朝廷"文治天下"的统治理念，到士大夫倡导的儒学复兴、古文运动以及理学（道学）兴起，以及众多工商业繁荣的城市出现，都表明经济文化达到前所未有的兴盛。正如陈寅恪先生所言："华夏民族之文化，历数千载之演进，造极于赵宋之世。"《金石：宋朝的崇古之风》正是把宋朝的尚古运动置于整个历史时代背景中考察。宋朝结束了五代十国的战乱，急于从盛唐文明的废墟中重建统治秩序。当时皇帝和士大夫们的共识是，唐末以来的战乱正是由于儒学道统的毁堕，于是宋朝君臣自觉地向他们理想中的古代社会寻找解决当代问题的思想知识资源，好古、崇古之风蔚为宋朝的时代风尚。以欧阳修为代表的尚古学者们孜孜以求地收集、鉴赏、整理和研究古代器物，释读金（青铜器）石（碑崖石刻）上的古铭文用以证经证史，写作、出版大量古器物研究著述；以宋仁宗、宋徽宗为代表的皇帝们热切搜求青铜器等古代器物，设立皇家藏馆和研究整理古物的机构，铸造仿古礼器，以古器物为样板改革当朝礼仪制度，颁行带有礼器图像的礼仪制度手册等，形成一场涵盖政治、意识形态、经济、文化和社会生活等领域的尚古运动。又由于雕版印刷技术的创新得到普及应用，促进了文化传播的空前发展，使尚古运动的影响自上而下深入民间社会。如本书作者在序言中指出，就其对当世和后世的影响而言，宋人的尚古运动与欧洲文艺复兴颇有可比之处。

我非宋史研究者，不具备从学术层面评论此书的资格。但以一个爱好历史的读者来看，本书以明晰的洞察、翔实的史料、综合中外前人的研究，重构了宋朝尚古运动的滥觞、发展和传播，直至影响整个社会雅俗文化生活的历史图景，读来饶有兴味，毫不枯燥。试举一例，如书中涉及的欧阳修收藏《孔子庙堂碑》。第一通《孔子庙堂碑》是由唐太宗敕造、虞世南撰文并书写的，建成不久即遭损毁。武则天称帝后下令照着留存的此碑拓本重造第二通，唐末动乱中再遭焚毁。宋初统辖长安地区的将领王彦超下令按照武则天所立碑拓本再造第三通——此碑我们至今仍可在西安碑林博物馆见到。这个故事让我们了解了拓帖不但是中国文化传承的一大重要媒介，而且也是欧阳修等尚古学者的金石收藏的主要物质形态，即古人所称的"金石"，既指青铜器与石碑石刻实物，也指它们的纸质拓片。

翻译此书于我是一次挑战，也是一种治愈。挑战在于我本科虽是学历史专业的，多年从事的媒体职业却与史学无关，翻译这样一本史学学术著作，对我来说是有相当难度的。在翻译过程中，需要查阅作者引用的大量古籍原文以及相关的中英文专著或文章。当时由于疫情无法去图书馆，而仅靠家中藏书显然无法满足这样的需要。幸赖现代科技，许多古籍及学术著作都可借助各种电子数据库从网上查阅，使得书中的绝大多数直接引文都能找到。这本译书动工于2020年春节期间。当时新冠肺炎疫情骤起，人们响应政府的号召居家隔离，于是我足不出户，心无旁骛，竟比较有效率地完成了此书的翻译。这一过程也是一种自我治愈。刚刚从繁忙且压力沉重的职场退出的我，找到了一份安心宁静——从心所愿，做自己喜欢的事。还记得2020年3月26日完成此书正文部分翻译的第二天，我发朋友圈记录感受："宅家避疫两个多月，人闲心不闲，情绪起起伏伏，忧惧悲欢，皆生而为人的感同身受。为抗疫揪心之余，一日三餐之间，定神沉心，埋头《金石》一书翻译，昨日完成了这本书的初译，聊记一笔。感谢这本书，陪伴我度过这段难过难忘的日子。"

　　这本译书的完成，得益于许多人的帮助。在此，我首先要感谢本书作者陈云倩博士，每当我遇到问题时，都能通过邮件得到她的令我疑惑顿解的答复。其次要感谢此书的责任编辑郑庆寰、文稿编辑侯婧怡，他们的细心编校改正了译文中的不少文字错误。最后我要感谢外子李鸿宾教授，他在学术方面给予我很多指点，并对本书中译本进行了校勘和学术把关。

译者　梁民

2021 年 12 月 12 日

图书在版编目（CIP）数据

金石：宋朝的崇古之风／（美）陈云倩
（Yunchiahn C. Sena）著；梁民译；李鸿宾校译. -- 北
京：社会科学文献出版社，2022.8
（九色鹿. 唐宋）
书名原文：Bronze and Stone：The Cult of
Antiquity in Song Dynasty China
ISBN 978 - 7 - 5201 - 9092 - 3

Ⅰ.①金… Ⅱ.①陈… ②梁… ③李… Ⅲ.①金石 -
研究 - 中国 - 宋代 Ⅳ.①K877.24

中国版本图书馆 CIP 数据核字（2021）第 281499 号

九色鹿·唐宋
金石：宋朝的崇古之风

著　　者／〔美〕陈云倩（Yunchiahn C. Sena）
译　　者／梁　民
校　　者／李鸿宾

出 版 人／王利民
责任编辑／郑庆寰
文稿编辑／侯婧怡
责任印制／王京美

出　　版／社会科学文献出版社·历史学分社（010）59367256
　　　　　地址：北京市北三环中路甲 29 号院华龙大厦　邮编：100029
　　　　　网址：www.ssap.com.cn
发　　行／社会科学文献出版社（010）59367028
印　　装／三河市东方印刷有限公司

规　　格／开　本：787mm × 1092mm　1/16
　　　　　印　张：14　字　数：173 千字
版　　次／2022 年 8 月第 1 版　2022 年 8 月第 1 次印刷
书　　号／ISBN 978 - 7 - 5201 - 9092 - 3
著作权合同
登 记 号／图字 01 - 2021 - 0654 号
定　　价／68.80 元

读者服务电话：4008918866